JN007447

肩書がなくなった自分をどう生きるか

蝶野正洋

春陽堂書店

はじめに

本書を手にとってくれてありがとう。

俺は今年（２０２３年）で60歳、還暦を迎えた。

１９８４年に新日本プロレスでプロレスラーとしてデビューしてから、あっという間という気持ちだ。しかし、首をはじめとするけがやプロレスラーとしてどう輝いていくかを考えながらの道のり、自分の会社を立ち上げてからの苦労、新たな境地を開いたタレント活動やＡＥＤ（自動体外式除細動器）普及活動をきっかけとした救命救急・地域防災の啓発活動……と本当に多くの経験を積ませてもらった。

人生１００年時代といわれるようになった現在、50歳だとまだ半分だ。会社勤めをしている人だと一般的にはあと10年で定年退職。そこから40年もあるんだぜ。会社によっては55歳くらいで役職定年となって肩書を失ったうえに給料も2割、３割カットはめずらしくない。

会社名や肩書がなくなったら自分はどうなるんだろう？　と考えたことはあるだろうか。

それまで利害関係でつながっていた人たちはいっせいに離れていき、自分は何者でもないと嫌というほど気づかされて孤独になっていく……。昼間の図書館にはそれらしき人々であふれていたりする。

あなたはそんな人生後半を歩みたいだろうか？

かくいう俺も「アイ・アム・チョーノ！」とリングで絶叫し躍動していた頃の俺ではない。けがと病気と闘い、一時は車いすの世話になったほどだ。しかし、プロレス以外の活動などで社会とつながっている。俺のことを知っている一般の人がたくさんいる。こうしたことが老いを受け入れ、プロレスラーとして一時代をつくり、チャンピオンとして君臨した過去の肩書を失っても日々を元気に生きている糧になっているんだ。

本書では、深刻に将来を悲観するより前向きに生きていこうという趣旨で俺の意見をまとめている。老後資金がいくら必要か？　定年後は何をすればいい？　そうしたことも大事だが、まずは健康で明るく日々を過ごすという土台がないと意味がないと思う。人生に正解なんてないわけだし、軽い気持ちで、「そんな考えもあるんだな」と読んでもらえたらうれしい。

Contents

Contents

第2章

蝶野正洋に聞け！

Contents

Contents

第3章

蝶野正洋の60代、70代

蝶野正洋略年表

新日本プロレス入門〜

年月日		出来事
1963年	9月17日	米国・シアトルで生まれる。2歳半で帰国
1984年	4月21日	新日本プロレス入門
	10月5日	埼玉・越谷市立体育館にて武藤敬司を相手にプロデビュー戦
	10月15日	石川県産業展示場2号館にて野上彰を相手に8戦目で初勝利
1985年	1月30日	東京・福生市民体育館での山田恵一戦で首にけが
	4月	アントニオ猪木の付き人になる
1987年	3月10日	第3回ヤングライオン杯優勝。海外武者修行の権利を得る この頃、新日本プロレス寮長となる
	6月2日	海外武者修行。オーストリアへ
	11月	ドイツ・ブレーメンで、妻となるマルティーナ・カールスと出会う

年	月日	出来事
1988年	7月2日	プエルトリコで武藤敬司、橋本真也とともに「闘魂三銃士」を結成
	7月29日	短期凱旋で新日本プロレス有明コロシアム大会に参戦
1989年	4月24日	プロレス界初の新日本プロレス第1回東京ドーム大会参戦。IWGPヘビー級王座決定トーナメントに出場し、ビッグバン・ベイダーと対戦。入場時に気合を入れすぎたために記憶をなくす
	9月	武者修行中に帰国命令
	10月	マルティーナと帰国
トップレスラーへ		
1990年	2月10日	新日本プロレス第2回東京ドーム大会、メインイベントで橋本真也と組みアントニオ猪木・坂口征二組と対戦
	4月13日	東京ドームの新日本プロレス・全日本プロレス・WWF(現WWE)による日米レスリングサミットで橋本真也の容赦ない蹴りに対抗して得意技・ケンカキックが生まれる
	4月27日	武藤敬司とのタッグでIWGPタッグ王座獲得
1991年	8月11日	第1回G1クライマックス優勝決定戦で武藤敬司を破り優勝
	12月1日	5月に入籍したマルティーナと新宿京王プラザホテルで挙式

年月日		出来事
1992年	1月4日	この年から新日本プロレス1月4日の東京ドーム興行が恒例に
	8月6日～12日	G1クライマックス連覇&NWA世界ヘビー級王座獲得も首負傷によるしびれで眠れず
1994年	6月	選手会長として選手と会社の板挟みとなるアントニオ猪木と会食。フリー宣言するも止められる
	8月3日～7日	G1クライマックス3度目の優勝「反体制」アピール白のコスチュームから黒のコスチュームへ
	9月19日	入場テーマ曲を変え、黒のロングガウンに
ヒールとしての「黒」の時代		
1995年	7月13日	父・照正さんが66歳で亡くなる
1996年	12月	ハルク・ホーガンが結成したヒール軍団のnWoの視察のため渡米
1997年	1月	新日本プロレスとの契約更改でフリーに
	2月3日	後楽園ホールでnWo JAPAN結成
	12月末	プロレス大賞MVP獲得

蝶野正洋略年表

1998年	8月8日	IWGPヘビー級8度目の挑戦で王座獲得も頸椎ヘルニアに
	9月19日	愛知県体育館大会にて首の状態が極めて悪化する
	9月23日	横浜アリーナにおける防衛戦を欠場、IWGP王座を返上
1999年	2月5日	札幌中島体育センターでの復帰戦を機に「TEAM2000」を結成
	4月10日	東京ドームで大仁田厚と電流爆破デスマッチ
	12月	「アリストトリスト」会社設立。アパレル参入
2000年	1月4日	東京ドームでTEAM2000 vs. nWoの黒の頂上決戦で武藤敬司を撃破
	2月1日	札幌大会で猪木問答。アントニオ猪木に指名され新日本プロレスの現場責任者に。この後10年近くプレイヤーと役員の両輪を担う
	5月2日	東京ドーム興行で運営を任されプロレスリング・ノアの三沢光晴と夢の対決を実現 現場監督として初仕事
2002年	8月11日	高山善廣を下して8年ぶりG1クライマックス4度目の優勝

年月日		出来事
2005年	7月11日	橋本真也死去。享年40
	8月14日	藤田和之に勝利しG1クライマックス5度目の優勝
	11月14日	新日本プロレスがユークスの子会社に
2006年	7月1日	不妊治療の末、結婚15年目で長男誕生
2007年	9月1日〜2日	幕張メッセにて自身プロデュースの「蝶野王国2007in幕張」開催
	12月31日	『ダウンタウンのガキの使いやあらへんで!』(日本テレビ系)の「笑ってはいけないシリーズ」初登場
新日本プロレス退団から現在		
2009年	6月13日	三沢光晴がノア広島大会の試合中の不慮の事故で死去。享年46
	8月4日	長女誕生。この頃より年間80試合程度に減らす
	10月12日	デビュー25周年記念興行「ARISTRIS in 両国国技館」を開催
2010年	1月4日	東京ドーム大会を最後に長期休養
	1月31日	新日本プロレスを退団。フリーランスに
	3月9日	東京消防庁で普通救命講習を受講。社会貢献活動の道へ

	11月30日	ＩＧＦ（イノキ・ゲノム・フェデレーション）のエグゼクティブプロデューサーに就任
２０１１年	3月6日	ＺＥＲＯ－ＯＮＥ両国国技館大会で行われた橋本真也の息子・橋本大地のデビュー戦の相手を務める
	3月11日	アリストトリスト表参道での仕事中、東日本大震災発生
	4月5日	猪木の慰問チームに同行し被災地の４カ所の避難所を訪問
	9月18日	東日本大震災復興チャリティープロレスイベント「ＦＩＧＨＴ＆ＬＯＶＥ」を仙台にて開催
２０１３年	1月3日	全日本プロレスアドバイザーに就任
２０１４年	4月13日	道頓堀プロレス大阪大会をもって休業
	7月	一般社団法人ＮＷＨスポーツ救命協会設立
２０１５年	7月13日	橋本真也十回忌。武藤敬司とともに座談会を行う
２０１７年	3月17日	プロレスの休業を正式に宣言
２０１９年	10月5日	デビュー35周年

年月日	出来事
2020年　12月31日	『ダウンタウンのガキの使いやあらへんで!』（日本テレビ系）の「絶対に笑ってはいけない大貧民GoToラスベガス24時」で妻のマルティーナと初共演
2021年　12月3日	脊柱管狭窄症のクリーニング手術をYouTubeチャンネルで報告 手術後車いす生活となるが痛みは10分の1に軽減
2023年　2月21日	東京ドームにおける武藤敬司引退興行で8年10カ月ぶりに特別試合としてリングで試合形式で闘う STFでギブアップを奪う

第1章

「肩書がなくなった自分」を
どう生きるか

⚜会社、役職の肩書がなくなった自分をイメージできるか？

人生１００年時代といわれるようになった。一方で多くの企業では定年は60歳くらい、部長・課長など役職定年は55歳ということもめずらしくない。あなたは会社や役職の肩書がなくなった自分をイメージできるだろうか。きっと、利害関係でつながっていた人はいっせいに周りからいなくなり、連絡をしたところで冷たい対応をされ、急に毎日ひまになる……。しかし、不測の事態がなければ人生の残り時間はまだまだ長い。

新卒で入社した企業に定年まで勤めあげて残りの人生は年金で自由に暮らすなんて時代はとっくに去っている。自分を取り囲む環境はまるで変わってしまった。50代以降の人なら痛切にそう感じているのではないか。ひとつの会社に奉公するというのも、いつの間にか会社にしがみつくようなことに変質してしまった。そうすると、なおさら肩書がなくなった自分をどう生きていくかが大きな問題になる。この先の日本は、よりそこが深刻になるんじゃないかな。

人間はほかの生物より脳が発達しているから生きる意味を考えたり、「自分は何をしたらいいのだろうか？」と思い始めるという話を聞いたことがある。心臓が動いて血液が循環して臓器や筋肉、神経が働いて生きているわけだけど、その動き一つ一つに意味があるのかといえば多分ないよね。そう考えると、年をとって人生のさまざまなこと、老いや病気や死に至るまでの自分はどうしたらいいのか？ そんな思いをめぐらせるのも自然の流れなのかもしれない。人は孤独に耐えられるほど強くない。いくら虚勢を張っても限界がある。自分の肩書がなくなって、周りから人がいなくなって後悔しても遅いわけだ。

本書は、俺の人生をたどりつつ、肩書がなくなった自分をどう生きるかのヒントを記している。ポイントは自己プロデュースだ。肩書じゃなく、自分自身をどうプロデュースするかで人生は大きく変わると思っている。俺はとうの昔にプロレスラーとして第一線で試合をする立場ではなくなった。俺の場合、プロレス以外にも会社経営、タレント、一般社団法人を立ち上げ救命救急・地域防災の啓発活動など複数の顔をもっている。これもプロレスラー時代、いや学生の頃から、「自分をいかにプロデュースするか」という考えによるものだと思っている。

会社経営者であれば定年はないけれど、遅かれ早かれ同様の思いをもつようになるかもしれない。いかに自分の存在そのものをプロデュースするかが今後いっそう大事になると思うんだ。

⚜サラリーマン人生の節目をどこでつけるか

しゃかりきに仕事に没頭していると、俺もそうであったように10年なんてあっという間だろう。30歳、40歳なんて、まさに脂が乗っている状態。20年の節目を感じないまま来てしまっている人もいるかもしれないね。

それでも、多くの人は30代後半から40歳くらいになると、さすがに〝折り返し地点〟は過ぎたと感じるだろう。たいていは出世のラインから外れたとか、会社の花形部署とは無縁のところに配属された、なんて寂しい現状でふと立ち止まるんだけど。

俺はけががあったから、折り返しに気づくのも早かった。デビューからほどなくしてやってしまった最初のけがで、俺はプロレスラーが続けられるのかなと、いきなり不安になった。

そこから海外武者修行に出て24歳で帰ってくる直前くらいに、「いい先生がいるから」とカナダ・モントリオールまで行って、カイロプラクティックとはりを両方やっているという人に診てもらったりもした。そこから7、8年おきに大きなけがに襲われるわけなんだけど。

ただ、このけがのおかげで、そこから先のプロレスラーとしての輝きがあったといえる。

首に爆弾を抱えているからこそ、そこを気にしながら、どんなレスリングができるんだろうと。やれる範囲が狭まる、その中でできることは当然、インサイドワークであったり、リングでさく裂させられないことを何かでカバーするか。

全プロレスラーの中で、俺ほど考えたヤツはいないんじゃないかというくらい、必死に考えたよね。

武藤敬司さんも得意技のムーンサルトプレス連発の代償として膝に人工関節を入れるまでになったし、橋本真也選手[1]も右肩を手術してリハビリしながらリング復帰を目指していた。そんな矢先に脳幹出血で救急搬送されたが亡くなってしまった。ベストのコンディションを見せられるのは正味5、6年。そこからはけがを持ちながら相手や客だけでなく、自分との闘いが続く。それは仕方がないことだ。

⚜世間の知名度にはタイムラグがある

業界内の知名度と業界外の知名度にはタイムラグがあるんだよね。

たとえば、新日本プロレスの棚橋弘至選手は、最近も宝くじのCMなんかにも出ていて世間一般の知名度がある。けれど、業界内でいえばけがもあるし、もうトップを張れるコンディションではなく、プロレスラーとしては下り始めている。現場のピークと業界の外に響くタイミングはだいぶズレるんだよ。それくらい、世間に「名前が通る」ということは難しく、時間がかかる。よほどインパクトのある存在感や発言、世間からの共感などがないと、業界内だけで知られる存在で終わってしまうものだ。

俺も、プロレスファンなら「あ、蝶野」ってすぐわかってくれるけど、プロレスを知らない人にはただの「いかついオッサン」だからね。だからアクションをして印象づけないといけない。

毎年、大みそかにオンエアされていたテレビ番組『ダウンタウンのガキの使いやあらへんで！』（日本テレビ系）の「笑ってはいけないシリーズ」でビンタをやりだしたのは、2007年から。最初は、俺のことなんてまったく知らずに見ていた人ばかりだったと思うよ。「年末にいつも山崎邦正（現・月亭方正）にビンタするおじさん」くらいなものじゃないか。

芸能人もそうだよね。和田アキ子さんが歌手だって知らなくて、芸能界のご意見番とかタレントの大御所というね。芸能界にはそういう人がすごく多い。別ジャンルでトップをとった人が芸能界に入ってくるけど、その昔の看板が通用するのって何年かだけなんだよね。新たなキャラクターをつくっていかないといけない。

ちなみに、ビンタをするようになった経緯はテレビ局からのオファーだった。日本テレビが以前、アントニオ猪木さんがプロデュースしたプロレスと格闘技のイベント、「ＩＮＯＫＩ ＢＯＭ－ＢＡ－ＹＥ（イノキ・ボン－バ－イエ）」をやってお世辞にも成功とはいえなかった。そこで、２００７年の大みそかはダウンタウンでやるということで、俺がキャスティングに入ったわけだ。

俺はそのイベントでの、猪木さんの１０８つビンタだとかが、ほめられたものではなかったと聞いていて、「それをパクってるんだな」と思った。おちょくるというかディスってるというかね。まして、それが猪木さんなんで、お断りしたんだ。

でも、プロデューサーはどうしてもとオファーを続けてきた。だって俺は試合でもビンタなんてやらないし、ビンタ自体がまず嫌い。なんだったら関西の芸人さんがツッコミで頭をはたくのもあまり好きじゃないんだよね。ハマちゃん（ダウンタウン・浜田雅功）のツッコミ含め。そういう説明を丁寧にしたら「何とか調整します」と言ってもらえた。

それが、収録が近づくにつれて、初めての番組ということでバタバタしまくってて、変更するシーンの話し合いは朝6時入りで待たされる一方、台本にはビンタするっていうのがしっかり入っていて。結局タイムアップでしょうがなくやることになった。

本当だったらコブラツイストとか、ビンタとは違うプロレス技をやるしかないのかなって思ってたんだけどね。現場は2日か3日の撮影期間で3班くらいに分かれていて、2時間特番のチームが3班集結するみたいなスケールで。その統括の人が俺のところに話に来たけど、もう当時はバタバタの極みみたいな状況で、スタッフはみんな寝ずにやっている。そこで、ディレクターが逃げちゃうみたいな、そんな感じなんだよ。メインのプロデューサーはポイント、ポイントで任せているから俺の意見はまったく伝わっていないんだろうなと思ったね。

そこで、仕方なくやったビンタが今や代名詞になっているんだ。人生って本当に何が起こるかわからないよ。

⚜「顔が肩書」となるのは日本でも限られている

業界内の知名度と世間との知名度のタイムラグに気づいたのは、俺が武藤敬司選手、橋本真也選手と「闘魂三銃士」としてプロレス専門誌にちょこちょこ出るようになった1990年前後からだ。

日々の情報源がスポーツ新聞とか週プロと『週刊プロレス』だったから、そこに載っている自分はもう「みんなから見られている」って気持ちになっちゃうんだよね。そんなの街の人が100人いたら『週刊プロレス』を買ってるヤツなんて1人いるかいないかなのにさ（笑）。

それがわからなくて、ものすごい意識してしまう。でも、俺が思っているより顔は通ってないなとわかったのはけっこう早かったかな。

周囲に気づかれたら、そこではプロレスラーでいなければならない。本当はそういう肩書などなしに普通に歩きたいところだし、武藤さんは引退して「普通のおじさんになりたい」なんて言ってるけど、本音ではできうる限りプロレスラーであり続けようとは思っているだろう。たとえば自分のことを誰も知らない海外で「体大きいね。何やってるの?」なんて言われると、それはそれでずっこけたりするからね（笑）。

難しいんだよ、肩書を背負う、背負わないというのは。

⚜ヒールターンでむしろ世間の認知度を高める努力を始めた

一般の人たちに認知してもらおうと努力しだしたのは、キャリア10年ちょっとでイメージチェンジしたタイミングだね。

その前も同期の武藤さん、橋本選手と組んだ闘魂三銃士でバラエティー番組に出たりしていたんだけど、俺はプロレス外の世界に出るのが面倒くさくてね。橋本選手は好きで出てたけど、俺は「やらない、やらない」ってけっこう断っていた。

でも、プロレスラーとして、いわゆる正義役（ベビーフェイス）からヒールターン、つまり悪役にチェンジして正規軍に反目される側としてヒールのトップを張らなきゃいけないっていうことは、やっぱり名前を売らなきゃいけない。それに、メディアでもプロレス専門誌、スポーツ新聞に加えて、バラエティー番組とかからオファーがどんどんふえてきて。

最初のうちはどういう出方をすればいいか、ヒールという立場を壊さないように選んでいたけど、なるべく断らず、積極的に「TEAM2000」[2]で出たりするようになっていった。そこには自分で考えた戦略があったんだ。

それまでのヒールは、キャラクターイメージが崩れてしまうからバラエティー番組には出ないというのが常識だった。でも、アメリカのnWo[3]を参考にして自分の見せ方を考えたよね。ホーガンたちもバラエティー番組にたくさん出ていたわけじゃないけど、逆に要所でメディアをうまく使っていた感じがあったんだよ。それもヒントにさせてもらった。

闘魂三銃士としてちょこちょこは出ていたけど、自分はそういう立ち位置で外に出されていた。アントニオ猪木さん、ジャイアント馬場さんの世代はなかなかメディアには出なくて。藤波辰爾さんの世代、特に藤波さんはNHKの番組に出演するくらいの一歩上のイメージをキープしていた。だから俺たち闘魂三銃士とは距離がありすぎたんだよね。本当は藤波さんあたりが民放テレビ局にちょこちょこ出ていたら、若手の自分たちがどんどん出ていきやすかったけど。

そして、ｎＷｏ時代に話題になったのが、Ｔシャツやアクセサリーなどアパレル系でヒット商品を出していったことだった。

それまでの新日本プロレスのグッズ販売のメインはパンフレットで、売り上げの半分くらいはパンフレット、その次にＴシャツをパラパラやっているぐらいだった。

でも、アメリカのプロレス会場ではＴシャツがメインになっていて。アパレル系グッズとしてハルク・ホーガンが「ｎＷｏＴシャツ」で大ウケ。ｎＷｏで一緒に活動したときに、仕掛けたノウハウを聞いてみたら、もともとマーチャンダイジングでアパレルのブランドと組んでいたことがわかった。

テレビ収録のある会場で、最初は何百枚もまいたそうだ。当時のアメリカのプロレスは低迷期でお客さんも会場の片側しか入っていない。それでもＴシャツを着させてテレビ収録に映るようにした。番組の演出と一緒だよね。指示を出して沸かせていったんだ。

そうしたら1カ月後ぐらいには宣伝や営業なんてしなくても、どんどんお客さんが入ってくるようになっていたという。

それくらいカッコよかったからね。俺らは、ｎＷｏが人気を獲得する前から提携していて落ち込んでいるところも見ていたから、そのプロデュース力は本当にすごいなと。

俺の場合、最初はアクセサリーをやろうと言ったのかな。でも、アメリカのグッズ販売は５０００円以下が主流で、高価なアクセサリーには手をつけていなかった。それでうちも５０００円以下でできるものと考えてネックレスをやった。次にジャンプスーツ、それからサングラス。どんどん新しいものをリリースしていった。

新日本プロレスではパンフレットとＴシャツくらいだったけど、マーケットを新規開拓して、「これなら面白い、イケるんじゃないか」と妻のマルティーナが全部プロデュースしていた。実は、彼女がアパレルをやりたいと発案してくれたんだ。

⚜人生の次の一手

そうやって進めているど真ん中くらいの時期に俺はまた頸椎を痛めてしまった。だったら新日本プロレスと協業していたアパレルのビジネスをちゃんと本腰を入れてやろうと前向きに「起業家」という新しい肩書をもつことにしたんだ。

けがはかなりひどい状態だったから、「次に何か症状が出たら引退だ」と常に思いながリングに上がっていたからね。

それが1998年、34歳とか35歳くらいのこと。

ヘルニアが2カ所くらい出てきていて、無理してワンシーズンだけ試合を続けたら首から下にしびれが走って。忘れもしないが、愛知県での試合が終わったあと、ホテルでタイツを脱いだときに無意識に尿をもらしていて、このとき下半身の感覚がほとんどなくなっているのに気づいた。

腰なんかもそうだけど、いったん症状がひどくなると下半身のコントロールができなくなる。もうダメだって、そのあとは眠れない日が続いた。そして、その年の10月くらいにリングをおりて。12月にいまも懇意にしている岐阜の整体院で治療してもらったよ。

その前に1992年だったか、2回目の[4]G1クライマックス制覇のときもひどかった。痛み止めを2本くらい首に打って、それで翌年の1・4のドームまで（毎年1月4日に開催される新日本プロレスの東京ドームでのビッグマッチ）の半年弱はほぼ眠れない日々を過ごした。けがの蓄積もあったから、1998年はとにかく体を休めて治療に専念すると決めた。大きな首の故障が出たのは3度目、次に出たら引退だと。その翌年の2月に復帰するんだけど、岐阜の先生にわざわざ来てもらったり、オフの日があったら岐阜へ行って治療してもらいながら続けている状態だった。

「けがの功名」じゃないけど、まさかこのけがが起業につながるとはね。

当時は子どもがいなかったから、妻のマルティーナも契約更改で大きなお金が入ってくるようなときは好きな車でも買えばと言っていたんだ。せっかくけがから復活できたし、俺もベンツでも買いたいなと。

でも、すでにマルティーナはネックレスとかいろいろ手がけていて、ブランド展開を自分たちでやっていこうよという話もしていたから、じゃあ1千万円くらいでベンツ買うんだったら、2人で事業をやろうよと。そういう経緯でARISTRIST（アリストトリスト）という会社を始めたんだ。

その意味では、マルティーナがいなかったら、アリストトリストのショップ展開をやっていないし、けがという爆弾を抱えて不安を感じたまま、行き当たりばったりで生きていたかもしれない。もともと細かい人生設計なんてできない人間だからね。

⚜プロレスはやれて20年

振り返ると30歳を超えてプロレスラー生活も10年を迎える頃、俺は満身創痍のコンディションをだましだまし、リングに上がっていた。

「こんなことじゃ、やれてもあと10年が限界だな」

10年を少し超えた頃、また深刻なけがをしたことも、その考えに拍車をかけた俺のプロレスラー人生は折り返しに入った。ここからはダッシュしなきゃいけない。自分の中で、はっきりとそう悟った。折り返しどころか、あと10年も続けられりゃ、御の字だと。でも、この時点から7年後に、また大きなけがが襲ってくるんだけどね。

体調もそうだけど、アメリカで[5]ＮＷＡチャンピオンとしてリングに上がったときに、けがの影響でちゃんとした試合ができていなかった。そのことを、ずっと悔いていた。俺は新日本プロレス代表、ストロングスタイルの代表でリングに上がったのに、その仕事をまっとうできなかった。これはもう1回、何としてもリベンジであのリングに行かなきゃいけないという気持ちも、ずっと心のどこかに引っかかっていた。振り返ると、その強い思いが後のｎＷｏ ＪＡＰＡＮにつながっていたのかもしれない。

⚜プロレスラーはなぜ派閥をつくるのか

俺は人脈って気にしたことがないんだよね。派閥もつくらなかったし。

猪木さんが現役のバリバリの頃から、新日本プロレスには猪木派を筆頭に坂口征二派や藤波派、長州力派、それから[6]UWF派閥なんてのもあったけど、俺に関してはどの派閥にもまともに関わっていなかった。

プロレスラーは、なぜ派閥をつくりたがるのか。

これは政治の世界とまったく一緒で、トップどころの人間や、ゆくゆくトップに就こうと考えている人間というのは、まず人を集めて「勢力」をつくるんだよね。政治では、「解散風」とか「勢力の風向きが変わった」なんて言い方をするけど、その〝風〟は独りではどんなにうちわであおいだところで弱すぎる。徒党を組んでうわさを流したりしながら、自分たちが組織の第一党になるべく風向きを変えていくんだ。

プロレスの世界でいえば、派閥という数の力で会社との駆け引きを有利にもっていったり、場合によってはそのまま独立したり。プロレスラーとして天才的なセンスと技量を誇る、あの武藤さんだって〝武藤派〟をつくったからね。橋本選手にしてもそう。

でも俺は、派閥らしい派閥はつくらなかった。理由は、とにかく面倒くさいから。プロレスって、最終的にはリングの上で俺自身がどうあるべきかという、そこの勝負でしかないから、リングでの職人の部分と、団体をつくるとか興行をプロモートするという意識は別物だ。もちろん、俺にしても後者の役割をやってみたいという思いがないわけではなかったけど、どうせやるなら新日本プロレスを超えるコンテンツにしたい。でも、当時の新日本プロレス以上のステージをつくるのは、とんでもなく大変だろうなということは、よくわかっていたからね。

希望はあるけど険しい道を避けたという意味で、俺はラクをしていたのかもしれないね。

⚜昔から自由が好きだった

俺は昔から束縛されるのが好きじゃなくて、自由な立ち位置をずっとキープしていた。

はるか昔にさかのぼって走り屋のリーダーだった学生時代も、自らやりたかったわけではなく、流れでトップを任されただけだった。

もともと集団行動があまり得意じゃないから、集会に行ってはいたけどピンでの参加。徒党を組む感じじゃなかった。何人かリーダーになりたいヤツがいて、俺はたまにお客さん的に見にいっただけ。それなのに、なぜかリーダーに選ばれてしまった。

おそらく、あちらを立てればこちらが立たずで、誰を選んでも不満分子が出てきてしまう。俺のような、昔でいうノンポリ、つまりノーポリシー、ノープランのような人間がリーダーになれば、立っていた角もとれて丸く収まるんじゃないかと、先輩たちは考えたのかもしれない。

この立ち位置は新日本プロレスでも同じで、ほかにも適任の人間がいたはずなのに、選手会長とか現場監督を長くやらされたんだよね。

⚜プロレスの経験はすべてのビジネスに活きる

世の中のあらゆるビジネスは千差万別に見えて、「人と人」が行うものであることに変わりはない。だから、そこには共通した商いの法則や成功法則がある。プロレスとは全然関係のないアパレルの会社を立ち上げたとき、正直、プロレスの経験なんてクソの役にも立たないと思っていた。でも、実際はまったくそんなことはなかったんだ。

それを教えてくれたのが、俺の周りにいる経営者たちだ。

プロレスファンの経営者たちから、プロレス特有の駆け引きや話題のつくり方がすごく参考になると言われたんだよね。

駆け引きや話題というとわかりにくいので、「ストーリー性」とでもいうのかな。

プロレスでは、シリーズを通して、あるいは年間を通じて、それぞれの選手たちの戦いのテーマっていうのがある。メインイベンターや主力選手たちの紡ぐストーリーが団体の中心だけど、それ以外にも抗争や因縁、裏切り、友情など、あらゆるストーリーが張り巡らされていて、そのストーリーを追いたくてファンは見続けているわけだ。

ストーリーによっては数年、数十年越しの、まさに大河ドラマみたいな物語になることもある。でも、これって実はプロレス業界に限ったことじゃない。

どんなビジネスにも「ストーリー」が大事なんだ。

繁盛しているラーメン店、ＩＴ企業なんかでも、ホームページを見てみると創業者がいかにしてこのラーメンのスープの味にたどり着いたか、あるいは思いがけない人との出会いから、これまでにないアイデアが生まれ会社設立に至った……なんていうストーリーが載っていることが多いし、新商品の開発秘話なんかも見る機会がすごく多い。提供する商品やサービスが似たり寄ったりの場合、そこにドラマチックな物語をプラスすることで価値が上がる。これが今の時代の売れ筋なんだ。

どんな企業も今や〝物語〟や〝ストーリー〟に飢えていて、その絶好のヒントがプロレスなんだそうだ。

プロレスだけじゃない。自分が今までしてきた経験、仕事をどれだけストーリー化、ドラマ化できるか。自分のやっていることを、ふだんからちょっと客観的な視点で見るクセをつけておくと、この先、違う業種にいってもそれが大きなヒントになると思う。酸いも甘いもかみわけた50歳ならなおさらだよ。

⚜プロレスもビジネスも人を喜ばせるのが基本

自分がどうしたいかじゃなくて、人がどう思うか。

基本的にはこれもすべてのビジネスに通じる考え方だよね。たとえばデザイナーで商業デザイナーと芸術家デザイナーがいたとしよう。芸術家デザイナーは評価は関係ないんだよね。たぶん物書きなんかもそうだと思うけど、自分で書きたいものを書いている人は、どこに出すとかという設定じゃなくて自分の表現を形として残したい。でもビジネスをやっている以上はそこにはお客さんがあり、必ず〝評価〟を受けるから。

俺の中にも、若い頃は自分が思うような試合ができていない、前座選手だから評価されない、どうすればいいのかわからないという葛藤があった。

その点、アメリカのレスラーたちは客や同僚のレスラーからズバって言われるよね。[7]ジャックオフしていた。つまり自己満足の試合なんてするなよと。アメリカではウエートレスもエンターテイナーだよ。自分を見せながらその場を楽しくつくるマインドが根づいている。彼らにくらべたら、日本は人を喜ばせるという文化はそこまで成熟していないのかもしれないね。

プロレスでいうと興行[8]論と道場論。そこが若い頃の俺らにはわからなくて。道場論を持っていないと日本人はダメだなんて言われたものだ。でも道場論だけでやっていたら興行ではない。そこを上手にブレンドして、お客さんを喜ばせるイベントにつくりあげたのが、[9]UWF系の人たちだ。もともと道場でやっていたような異種格闘技の交流会が興行になっていって大ブレイクした。

俺もここぞというおいしい場面で、客が喜ぶようなマイクアピールや立ち居ふるまいをするのが苦手。やっとできるようになってきたのが、やっぱりnWo JAPANになってからかな。それまではおいしいのが目の前にあれば単においしく食べればいいのに、「ただおいしく食べるだけじゃ当たり前すぎるな」という感覚だった。

G1クライマックス初優勝（1991年）ではまだ全然。「当たり前すぎることは言いたくない」なんて、それこそジャックオフ状態で、せっかくのチャンスに反応できなかった。

メインイベントとか大きな興行のときほど、その当たり前をお客さんの前でまずやらなきゃいけない。さらにそこに何かオリジナリティーを足すことができて、初めて一流になれる。

でも、ペーペーの頃はその当たり前がなんか照れちゃうんだよ。

当たり前のうれしい、おいしい、という反応を飛ばして「うーん」と考えてるから「あいつどうしたんだ？　今食ったのはうまかったのか、まずかったのか？　どっちなんだ？」と見てるお客さんもどう反応していいかわからない。

相手の「これが見たい」「これがほしい」に、まずは寄り添ってみる。自分の「こうしたい」を出すのはそのあと。これって、すべてのビジネスや人づきあいに通じると思う。

⚜自分が歩んできた20年、30年というキャリアを一度そしゃくしてみる

会社を辞めようと考えている人や、定年後に新しく何かをやろうと思っている人に向けて言うとしたら、やっぱり今までやってきたことをがらっと変えるのではなく、今までのやり方や経験を次にどう役立てるか。まずはじっくり考えてほしいということだ。

たとえば俺の場合、メディアで自己アピールするときは、常に新聞、雑誌、テレビを使いわけ、「このコメントは○○新聞」「これは週刊プロレスで、こっちは週刊ゴング」と徹底した。そのやり方はあくまでプロレスという興行の世界の話で、一般社会では通用しないと最初は考えていた。でも、結局、その考えは間違っていたんだ。物を売るときも、メディアや購買層によって販売戦略を変えていく。それは俺の自己プロデュース

も、プロレスで興行を売るときも一緒で、プランが出たらあとは東京ドームなら東京ドーム大会というゴールに向けてどういう組み立て方をするかということだけなんだよね。

とにかく、今まで自分がやってきたことが新しい分野では通用しないなんて思い込まないことだよ。「対象を置き換えるだけで、この方法論は使える」ということはいくらでもあるんだよ。

⚜闘魂三銃士で会社に残った人、去った人

長らく勤めた会社を去るか、残るかは難しい選択だよね。参考までに闘魂三銃士それぞれの去就について書いてみよう。闘魂三銃士として活躍していた時期、俺は試合で全国を巡業している移動中にも「新日本プロレスはこうあるべき」とか「海外進出もやるべき」とか、いろいろ考えていた。長州力さんや前田日明さんとかが出ていったのも見ているから、闘魂三銃士の中から誰かは外に出るなと思っていた。周囲からはたぶん最初は俺が出ると思われていたんじゃないかな。「この業界をもっとデカくしていくには」

みたいな話もけっこうしていたしね。

それに対して、武藤さんは会社のエースだから、やっぱりここは動かずというイメージだった。実際、俺と橋本選手が出ていったとしても、この3人のラインはつながっておこうよという話はしていたんだよね。

でも、武藤さんは会社から提示されたエースのラインやポジションが嫌で全日本プロレス[10]に動いた。一般の会社でいえば、今いる会社の方針や自分の扱いに不満を感じていたタイミングで、ライバル企業からヘッドハンティングされた形だね。

その半年ほど前には、もともと独立心が強くてトップのポジションに対する野心もあった橋本選手が出ていった。その状況を俺は理解できていなくて、戸惑っているうちに今度は闘魂三銃士の長男・武藤さんが飛び出した。しばらくしたら帰ってくるかと思ったら、結局帰ってこなかったしね（笑）。

俺は残って会社を立て直す役目を果たすことになってしまったわけだ。

2人はプロレス界全体のことも考えて出ていったんだと思う。その頃、総帥である猪木さん[11]はK-1やPRIDEの隆盛に刺激を受けて、格闘技路線に走ってしまっていたから、プロレスの魅力をもう一度、世間に周知させたい、プロレスを取り戻したいという思いは、プロレスラーの誰もが持っていたはずだ。

もし業界のことを考えるのであれば、まずは勢力をつくって、そいつらがみんな食っていけて、リードしていけるような形で独立なり旗揚げなりをするのが理想だろう。

俺はどちらかというと職人的な感覚でレスラーを位置づけていて、そこをまっとうしたかった。俺みたいな職人気質のレスラーって多いんだよね。

ただ、業界のことを考えるなら、やっぱり俺も新しい会社や団体を立ち上げるべきだったかもしれない。出ていかれた会社は傾くかもしれないけど、負けずに再生しようと踏ん張る。その過程で今までにない新しいものが生まれるわけだよ。その競争がなくて一強みたいになっちゃうと、井の中の蛙で何が正解かもわからなくなる。

だから、そういう反発分子はその時代、その時代に必要なんだ。それはわかってるんだけど、なんせ俺はもめ事が面倒くさいんだよ。それに、当時はけがとの闘いもあったから、外に出て団体をつくるという自信がなかったのかもしれないね。

⚜ それでもあなたは経営者になりたいか

30代、40代というのは常に山あり谷ありで、仕事でもプライベートでも成功と失敗とか、出世、左遷とか運・不運をパタパタ、パタパタと繰り返す人が多いと思う。しかし、俺のように60代に入ってくると健康でさえあればラッキーとなる。まして、ちゃんとした給料が入ってくる会社であればね。

人生１００年時代だけに後半生で起業を考えている人も多いと思うが、個人経営となると、いつ金が入ってくるかわからない。人生の中でそこまで体も心も削りながらやる必要が果たしてあるのか。それは慎重に考えたほうがいいと俺は切実に思う。

自分の経験だけじゃないんだ。

資金繰りひとつ考えても眠れない日が続くなんて当たり前のように起こる。経営者としてのプレッシャーは想像をはるかに超える。結局、橋本選手も[12]三沢光晴選手もそういうことも原因のひとつで亡くなったのかなと俺は感じるんだ。

俺も今なら、一番大切なのは首をはじめとするけがの治療だとわかっている。だけど、一歩間違えば経営者の業務に追われて治療の時間がとれないまま、試合の合間に必死に営業していたかもしれない。あの2人はその典型だったと思う。だからこそ俺はすごいショックだった。2人が亡くなったとき、次に俺、武藤さんがいつ死ぬんだろうとかまで考え込んでしまったよ。

みんなは、業界ナンバーワンのレスラー・三沢選手が亡くなったことがショックだったと思うけど、俺も思いは同じで「三沢社長が……」と。ノアの経営状況も聞いていたし、テレビ局との契約も切れ、いよいよ人員削減もしなきゃいけない、お客さんも思うように入っていないという状況を知っていたうえでの、突然の訃報だったからね。

俺も、その当時は新日本プロレスの現場監督をやりながら、自分の会社も経営していた。そうなると、もう眠れないわけだよね。しかも、自分の金を会社につぎ込んで……ということをやっている立場だったから。

橋本選手も同じような状況だったと思う。

団体の経営は最初からおかしかったみたいだけど、そこから団体内でクーデターがあって、橋本選手は2、3年で追い出される形になった。体調もものすごく悪い。そしてそのまま亡くなってしまった。

これもやっぱり独立したストレス、経営者のストレスだと俺は思っている。だからこそ、2人の最期を知って「これは俺も無理だな」と悟った。会社を2つ切り盛りして、プラスでタレント業務もやっていたから、自分自身の行く末を思うと本当に怖かった。経営者というポジションは、誰もが一度は憧れる。自分の考えひとつで、みんなに指示を出せるからね。

でも、指示を出すのって、たとえたらバスガイドのようなものなんだ。後ろ向きで「はい、こっち。次はこっち」と旗を振る。断崖絶壁に気づかず、後ろ向きのまま社員を誘導していたら、真っ先に落ちるのは経営者。ダンプカーが突っ込んできたら、最初の犠牲者になるのも経営者。そんなポジションなんだよね。それを見て、みんなは「危なかった！　ギリギリセーフ！」って止まれるけど。

バスガイド役をやるべきか、やらざるべきか。

俺の個人的な意見は、別にやらなくてもいいし、やる必要もないんじゃないかな、とさえ思う。会社経営によっぽどの思いがあれば別だけどね。

もし、何となく憧れるという程度だったら、バスガイドの後ろについて「進行が遅い！」とか「もっといい場所に連れていけ！」と文句を言うだけにするとか、「ここより、あっちのほうが面白そうだ、楽しげな夜の街に連れていってくれそうだ」と観光バスを乗り換えるだけにしておいたほうがいいと、俺は思う。

⚜会社に渋々残ってもチャンスは必ずまた来る

同級生の会社社長から聞いた話だが、大企業もまだ60歳定年が多く、雇用延長制度もあるにはあるが残る人は給料70％減も当たり前らしい。また、省庁の人と会った際に、「省庁はもっと減額ですよ」とも聞いた。年金受給のタイミングとして60歳から65歳のはざまにいる人の扱いは本当にひどいと思う。

給料70％減ということは100万円もらっていた人が30万円ぐらいになっちゃう。最初は、元の給料の7割に減額だと思っていた。それが、7割減。問答無用だよな。

給料はすずめの涙みたいな額になったけれど、お飾り的な役職をもらえる人もいる。まあ、精神衛生上は役職があったほうがいいだろうね。ポジション的には管理職、監督職みたいなものかな。

でも、翌月から1円も金が入ってこないことを考えると、給料が50万円から20万円、15万円に下がったとしても、そこにとどまるのもひとつの勇気だし、その勇気を俺はすごいと思う。どうしたって屈辱的だし、社内の扱いだって想像がつくしね。とどまるか。去るか。

早期退職なんかを含めると、50代、60代の人たちにとっては難しい人生の選択になるけど、勇気をもってとどまって、もう一度、自分にとってやりたい仕事、有意義な仕事をやらせてもらえるようアピールし続けたら、絶対またチャンスが来ると思う。プロレス界でも、ここ止まりかなと思っていた選手が起死回生のイメチェンや言動で、いきなり輝きだす例はたくさんあるからね。

サラリーマンに置き換えるなら、長いキャリアで培った人間関係や根回しも駆使して、「この人なら、まだ任せられる」と思わせるだけの自己プロデュースが必要になってくるかもしれないね。

⚜自己プロデュースでやってはいけないこと

自己プロデュースのコツをよく聞かれるんだけど、俺からひとつ言えるのは、あまり自分のやり方や考えに固執せず心を柔軟に保っておいたほうがいいということだ。自分に固執すぎると途中で引き返せなくなり、どんどん突っ走っていってしまう。

晩年の橋本選手がそうだった。自分の会社、事業を立ち上げて最初はよかったけど、途中からおかしくなった原因は本人にあるんだ。遊びすぎた。そこから女とかに走っちゃって、がまんの限界となった社員がクーデターを起こした。

それでも、本人は一国一城の主という気持ちが強かったから、どうしても城を乗っ取られたという思いがあり、一方で体はボロボロになっていった。

その状況の頃に俺は橋本選手に正直な思いを伝えた。

「経営者の橋本真也にこだわりすぎている。でも、今やらなきゃいけないことはプロレスラー橋本真也の顔を出すことだろう」

本当は2005年5月、新日本プロレスの東京ドーム大会に、橋本選手を呼ぼうとしたんだ。でも彼はまだ経営に執着していた。本来は経営者としての彼の顔なんてファンは誰も見ていなくて、みんなプロレスラー橋本真也を待っていた。だから、復帰戦に向けて会場でアピールするなり、ファンの期待に応えるアクションをしたほうがいいと思っていた。でも、実際は前年の12月に手術をした肩の回復が思わしくなかったらしくて、リングに上がることはなかった。そして、東京ドーム大会から2カ月後の2005

年7月、帰らぬ人となってしまった。

なりたい自分に向かって突っ走るだけではなく、時には周りから見られている自分がどこにいるのかというのを確認しておかないと、ということだよね。

⚜校庭で永遠にボール遊びができるヤツらの集まり

プロレスラーはなぜ自己プロデュースに長けているのか。理由は2つある。一つは試合というのは毎回、客の要望や欲求に応える訓練をしているようなもので、キャリアを積めば積むほど自分を魅力的に見せる技術も身についてくる。もう一つは、プロレスラーってそもそも自分の喜怒哀楽に逆らわない。シンプル頭の人間が多いんだよ。

プロレスの興行って、中学生どころか小学生、幼稚園児をまとめているような世界だからね（笑）。逆に、プロレスラーは中学生、高校生くらい賢くなったらダメで、ボールを渡したら校庭で永遠に遊んでいるような単純なヤツらじゃなきゃ面白くない。すべての局面とはいえないけど、そういう場面が多いんだよ。

ただ、最近はそういうクソガキ的なレスラーはいなくなってきて、中学生、高校生くらいの、物事が考えられる選手が増えてきた。だから試合もちょっと変わってきちゃったのかもね。それはそれで洗練された魅力があるかもしれないけど、へたしたら幼稚園児ぐらいのケンカのほうが面白いんだよ。

俺が「新日本プロレス」の肩書を手放したとき

俺自身の肩書の話をしよう。2010年に退団して、俺はフリーになった。そこからは「新日本プロレス所属」という肩書が使えなくなったわけだ。

でも、後悔や不安はあまりなかった。アパレル会社・アリストトリストのショップを立ち上げたのが2000年でそこから10年くらいは、プロレスラー、アパレル経営者、タレントと3股をかけていて、疲れも出てきていたんだよね。

新日本プロレスがゲーム業界のユークスの子会社になったのが2005年11月。その2年後には猪木さんが持っている新日本プロレスの株をユークスがすべて買い取り、新日本プロレスは経営的には完全に猪木さんの手を離れた。

本当はその時期に、もう一度現場を見てもらえませんかと頼まれたんだけど、当時は

43歳。さすがにプロレスラー、アパレル経営者、タレント、現場監督の4股は厳しい。プロレスに関しても試合数を減らしていたし、「1試合、1試合をまっとうできるかどうかもわからない状態なんで」と断った。

それから時を経て2009年の10月、デビュー25周年記念興行も無事終えて、それが自分の引退セレモニーではないけど一区切りつけた気持ちもあった。だから、その年の暮れぐらいに「今だったら現場を見られますよ」と。そうしたら、「蝶野さん、今はもう大丈夫ですよ」って。あれってなったよね（笑）。

ただ、俺は俺でオーナーが変わってから1年くらいは様子を見ていたんだけど、どうやら、もう猪木さんのプロレスの会社じゃないということがわかってきた。

俺は心のどこかに、猪木さんの会社だから今まで頑張ってこられた、現場監督を任されたときも受け入れられたという思いがあったんだと思う。だから、申し訳ないけどプロレスのプの字も知らないような人が断行した改革には正直、同意しきれなかった。

新日本プロレスのレスラー、従業員もかなりの人が解雇された。それは、会社の古い体質を脱却するうえで、ある程度は仕方ないと理解できる。ただ、これまで団体に貢献してきて、これからも役に立ってくれそうな人を、年齢だけの線引きで解雇するのは抵抗があった。

たとえば、その当時体調を悪くしていた[13]ブラック・キャットさんとかね。

彼は新日本プロレスとメキシコのプロレス団体とのラインをつないでくれるすごく大切な人だったし、自分で栄養学や肉体づくりの勉強もして、俺たちのこともケアしてくれていた。それでも、契約のときにレフェリーへの完全転向を命じられて。まあ、引退しろということだよね。

キャットさんは初めてレフェリーとして巡業に出るという日の朝に、急性心不全で亡くなった。享年51。あれはストレスの影響もあると思うんだ。

そういうことを見るにつけ、「これはどうなんだろう。改革するにしても、もう少し人にケアしながら遂行するやり方があるはずなのに」と、俺の中では納得できない部分も残ったんだよね。

⚜ 窓際を耐えるか、辞めるか

サラリーマンの世界なら、明らかにいらないという社員が窓際部署に追いやられてストレスを感じるような環境で働かされるのと一緒だよね。

進退については考えどころだけど、もしその仕事を好きでやっているなら、そこはがまんかもしれないね。たとえば、どんな会社、どんな部署にだって嫌なヤツっているんだよ。俺も結局は、その嫌なヤツがいたから出ていったんだけどさ。どっちをとるかだよね。

あと、俺の中の判断として、家庭と仕事をはかりにかけたというのもあった。25年新日本プロレスでやって、いくらプライベートの時間をつくれるといっても、家庭生活という意味では、やっぱり普通の生活じゃないんだよね。

1～2週間も家を空けるとか、海外に行くと妻のケアもできないから、アメリカまで連れていくとか。それはそれで楽しいし、人生を通して旅をしているような感覚にもなるけど、やっぱり子どもが生まれると、地に足をつける必要が出てくるよね。

俺は子どもができたから、完全に守りに入った。

でも、新日本プロレスという会社にとどまって、安定した生活をするということではない。俺にとっての守りに入るとは「リングの上では死ねない」ということ。妻を日本で孤独な寡婦になどできないし、生まれてきた子どもを置き去りにもできないと。妻の妊娠がわかったときは、自分の会社の経営状態が安定しているわけではなく、とにかくバタバタしていたしね。自分の中では独りでも食っていけるくらいのイメージはあったけど、長男が生まれた2006年くらいの時点で、レスラーを中心にバリバリやっていくというつもりはまったくなかった。当時はもう40代に突入していて、次に大きなけがに襲われたら生活に支障を来すという意識があったから。

新日本プロレスの取締役もすでにおりていたから、プロレスラー、経営者とタレント業の3本柱。そのうちの1本がなくなったとしても、残りの2本で何とかやっていける、やっていこうと思っていた。

新しいことをやるなら「匠」を目指せ

これまでの肩書を手放し、仕事でも趣味でも何か新しいことを始めたいと思う人は、「どうせ人生のカウントダウンが始まっているから」と手抜きせずに、せっかくやるなら「匠」を目指してほしい。人より秀でた技術を身につけるということだよね。

俺は講演活動を始めて10年以上たつけれど、最初は10分でも汗だくで、メモってきたことをアウトプットするだけで精いっぱい。人前に出るのは慣れているはずなのに。

でも、これもやっぱり慣れだよね。

最近は、「1時間なら話のポイントは一つ二つで、あとはプロレスラーならではの笑い話を……」と構成ができるようになった。もちろん、そこまでにはいろんな人の講演の動画を見て勉強もしたし、今だって勉強中だ。とにかく最低でも10年は続けて少しずつでも前回よりバージョンアップした話にしようと俺なりに頑張っている。

プロレスもまさにそうだよね。どんなに地方の会場だって、そこに来てくれたお客さんを大興奮させて帰すのがプロレスラーの役割で、特にメインイベンターになったら、どんなに前座がしょっぱい試合でも、メインイベントさえ最高潮にもっていければ仕事をまっとうしたことになる。逆に、若手・中堅レスラーたちが前座を盛り上げたのに、メインイベンターがとんでもない試合をやってお客さんが下を向いて帰ってしまったら……。

何か一つのことに取り組んだら「少しでも上に、少しでもいいものに」の気概をもちたい。それをやっていると終わりがないんだけどね。

⚜プロレス界は反面教師の宝庫である

俺が本格的に講演活動を始めたのは2012年からだ。警視庁での講演会に始まり、東日本大震災後の防災関係プラス、今はモチベーションアップ、子育てと仕事の両立なんていうテーマでも依頼が来ることがある。

スタートの頃は、プロレスはそんなに深く思い返していなかったけど、2020年1月からYouTubeで蝶野正洋チャンネルをやるようになって昔を振り返るようになると、やっぱりネタがたくさんあるんだよ。そのネタの中にも役に立つものがある。だいたい、プロレスという業界は反面教師の宝庫なんだよ。

まずは、人を信用しちゃいけない（笑）。これはリング上でも、リングをおりたバックステージでも同じで、裏切られたり、裏切ったりの連続だから。大いなる教訓だよね。だけど、本来は信頼関係、プロレスだってリングの上では信頼関係は大切だけどね。

以前、聞いた講演で「子どもが幼稚園に入るとき、先生は子どもに聞く耳を持たせてください。大切なのは話を聞くこと。それを幼稚園で育てるのが大事だ」と話していた。

それを聞いた翌日、藤波さんのデビュー40周年大会で初代タイガーマスクの佐山サトルさん、前田さん、長州さん、藤原喜明さん、どこも手の合わない仲が悪いメンバーが勢ぞろいした。その場の司会者が俺だったんだよね（笑）。

そうしたら、長州さんが最初に「おいアキラ、尖閣諸島についてどう思う？」と。長州さんと前田さんは、当時はまったく接点がなかったから、その頃に話題だったことを振ったんだよね。

そうしたら前田さんの返しがすごい。

「最近ね、日本刀を集めてるんですよ」

え、これ誰にしゃべってるの？（笑） あさっての方向に会話が飛ぶから誰も拾えない。拾わないまま、今度は藤原さんが、「俺は最近、焼き物をやってるんだよ」。なんか、つながっているようでいて、前田さんの「日本刀」はどっかに置き去りにされてしまった。その静かなる修羅場に立ち会ったとき、俺は確信したんだよね。

「ああ、プロレスラーっていうのは人の話を聞かない種族なんだ。幼稚園児から学びなおさないといけない人がいっぱいいる世界なんだ」

ただ、プロレスはナチュラルなぶつかり合いの世界。ジェラシーがフツフツと湧いてきたら、がまんせずに「おまえ、コノヤロー！」と突っかかっていかなきゃいけない。

それを見て、ふだん周りの人にジェラシー満々のファンは、胸のすくような思いをするから。

だから講演ではプロレス界は感情豊かな小学生、幼稚園レベルの世界なんですと。

そのあとに「ただ、あなたたち営業マンは言いたいことを言いっぱなしじゃ仕事にならない。ボールを拾ってもらわないとダメですよね?」と続けて、「コミュ力」の話をしたり。とにかくプロレス界はネタの宝庫だよ。

⚜つまらない日常をネタ集めに変えろ

そんなのプロレスの世界だけ。自分の会社の日常なんて、誰も興味を持つわけない。プロレス界みたいに変な人も、ダイナミックなストーリーもないんだから。

そう考えている人は、本当に残念だよね。

つまらないと思っているのは自分だけで、日々のささいな人間関係、いわゆる人間の機微こそ笑えたり、腹が立ったり、時に同情の涙を流したり。しかも、どんな職種でも、その人間の機微って共通で、共感してもらえることが多いんだ。

たとえば、上司や同期の中に反りの合わないヤツが一人、二人はいるだろう。それが上司だったら話を合わせなきゃならないのは苦痛だ。レスラーにも、いわゆる〝陽キャ〟と〝陰キャ〟のヤツがいて、陽キャのヤツもそれはそれでウザいんだけど、俺の場合は陰キャのヤツと一緒にいるのが苦痛でしょうがなかった。

巡業ではどうしても同じバスで移動するから、現地に着いたあとに一応食事に誘う。だけど、そいつを連れていったがためにネガティブな話題ばかりになって、食事の場が一気に暗くなったりするから困る。しかも、せっかく食事会に連れていってやったのに、そういうヤツに限って翌日の控室で「つまらなかった、早く帰ればよかった」なんて平気で文句を言ってたりする。

「だったらもう金輪際、誘わねえよ！」

売り言葉に買い言葉じゃないけど、こっちも陰キャ気質が伝染(うつ)ったりして。

「われこそは主役」と自己主張のたまり場であるプロレス業界は、ご存じのとおり(笑)、悪口だらけ。サラリーマンも夜の酒場で上司の悪口で盛り上がったりするけど、レスラーは試合前後の控室やバスでの長い移動中など、悪口の吐き出し場がごまんとあるから始末に負えない。

「ちょっとトイレに行ってくる」と席を立ったとたん、そいつの悪口大会が始まるなんて日常茶飯事だ。

俺もさすがに上の立場になってくると、若いヤツらのすることなすことが手にとるようにわかるから、「ちょっとトイレに行ってくる」と出ていったふりをして、そーっと戻って「おまえら今、俺の話してただろ！」なんてね。

それでストレスを発散できるなら、悪口もオッケー。ただ一時期、選手会長をやっていたときは、先輩、後輩の別なく、あまりにみんなのストレスが集中砲火的に俺に集まって、かなりまいった。

そのときに感じたことだけど、悪口を特に言うヤツって、実は会社に直接言えない人間なんだよ。

悪口の理想はオバちゃんたちの井戸端会議。あれは、その場でうわさ話やらを言うだけだからいいんだよ。吐き出して、すっきりして、そこでいったん気持ちが落ち着く。会社の悪口を酒で吐き出せる人はいいけど、それがＳＮＳでネチネチやるようだと、あとあと自分も困るよね。

ツイッター（現・Ｘ）でヘイト的な発言をする中には、けっこう50代のサラリーマンも多いらしい。だったら、1日で消えるコピーと拡散不可のサイトをつくったらいい。あの橋本選手だって「アイツ、ぶっ殺してやる！」って、何人殺そうとしたか（笑）。でも、言ったらそこで収まるんだよね。そういうサイトをつくったほうがいいんだよ。

話はそれたけど、肩書がなくなった後半生を考えても、生活の中のささいな小ネタは持っておいたほうがいい。

再就職で違う職種に就くにしても、ご近所づきあいや趣味の会に出るにしても、「小ネタの数がコミュニケーションを左右する」というくらい、たわいもない世間話って意外に大事なんだよ。

幸い、俺はＹｏｕＴｕｂｅチャンネルやプロレス関係のイベントで、定期的に先輩、後輩の別なくプロレスラーと会い、反面教師的なネタを絶えず仕入れている。決して自分ではコミュニケーション能力が高いとは思っていないけど、俺の周りに絶えず人がいるという評価をもらえているのは、世間話でネタ切れしないおかげかもしれないね。

⚜50代でビジネスをリタイアしている人には男の魅力を感じない

俺たちの世代って、30代、40代あたりで成功を収めて、早めに引退することがステータスみたいなところがあったんだ。俺もご多分に漏れず、40歳くらいまでに、ある程度のものを残して、人生後半は好きなことをやるのが理想のレスラー像だと思っていた。でも、実際には現場の競争から外れた50代くらいの人たちが退屈に見えたんだ。

IT関連で起業して成功した人にも何人かお会いしている。

資産をつくって早々にリタイアした人って、いくらでも好きなものを飲み食いできるんだけど、裏を返せば飲み食いくらいしかすることがなくなるんだよね。そういう人たちって、異業種との接点など外の世界とのつながりがなくなっているから、正直、見ていてあまりカッコよく見えないし、男の魅力を感じなかった。

本人たちも、仕事こそが自分にとって社会との接点であり、生きる活力だと早々に気づくようで、しばらくしたらまた別の事業を始めている人がほとんどだ。

そういえば、周りを見渡すとビジネスで成功している人はおしなべて、よく言えばアクティブ、悪く言えば全然じっとしていない。でも、60代、70代になっても、年齢相応にビジネスに携わっている人のほうが、ちょっとキツそうではあるけど、やっぱり完全リタイアした人とは違って見えるし、俺の目にはカッコよく映る。

それを考えると、仕事って何だろうと改めて考えるよね。

金を稼ぐツールというだけじゃない。というか、主眼はそれじゃない。社会の中で活動している証しとでもいうのかな。間違いなく、その意味合いはあると思う。

⚜100%が理想だが80%でもよしとせよ

俺にはいろいろな顔がある。全部ビジネスとするなら、今のテンションはどれくらいかというと、頑張っても8割。そんなに努力したくないからね（笑）。100%やれる性格だったら、また違う成功をしていたと思うけど。そこを目指せるところにはいけたとしても、肝心かなめの〝欲〟がないんだと思う。だとすると、欲、欲望というのは、目指すゴールにたどり着く、その最後の一歩なんだろう。

もちろん、出すべきタイミングでは全力の100%出したほうがいいに決まっている。俺の生き方は決しておすすめできない。でも、この世の中、俺みたいな考え方の人のほうが多いんじゃないかな。

それに、実はこれって、会社の中でもけっこう大切なスキルだと思う。手の抜き方がわかっているヤツは、1割、2割の余力を残して「限界です」と白旗をあげる。常に限界まで頑張るヤツは、ガッツがあるように見えて、結局は仕事を途中放棄してかえって周りに迷惑をかけたりもする。

たとえば、「全力でサンドバッグを100回蹴ってみろ」を言われて、1回目から全力でやって80回で限界が来るヤツと、100回まっとうすることを優先して、そこそこの力で蹴り続けるヤツ。スポーツの世界では前者のほうがよしとされるかもしれない。でも、ビジネスの世界では？　たいがいは、与えられた仕事をまっとうするほうだろう。「与えられたタスクで、自分に今求められていることは？」と、常に仕事を受ける意味を考えておくべきだ。まあ、80パーセント人間の開き直りかもしれないけどね（笑）。

⚜満身創痍で生きる

俺の今の生き方、考え方を大きく左右した「けが」の話をしよう。

前述したが、首のけがは新人時代と、１９９２年の２度目のＧ１クライマックス制覇のとき、そして１９９８年のｎＷｏ ＪＡＰＡＮ時代。３回目も[14]ＩＷＧＰヘビー級で初めてチャンピオンになったタイミングだ。自分の中でムリをすると、限界を超えて古傷が出てきてしまうという流れだったよね。

最初に頸椎を痛めたのは、デビューから２、３カ月の頃。それがもとで１カ月くらい、約２シリーズほど休むことになってしまった。痛みはなかったけど、立ちくらみが止まらなくなってしまったんだ。長年にわたる首との闘いがそこから始まった。

プロレスラーは首、腰、膝、肩……全部痛めている選手ばかり。俺も腰椎の痛みが出てきたのは、膝の負傷で全身のバランスが崩れて背骨が側弯したことが原因だ。膝も左の前十字靱帯と内側靱帯が切れてしまった。外側と裏十字の腱は残っているけど、今、この瞬間にも膝に痛みが出ている。病院に行くと「グラグラですね」と言われる始末だ。

関節まわりのどこか１カ所に不具合が出ると、それをカバーしようとしていろんなところにガタが来るんだよね。

⚜起こったことは淡々と受け入れる

プロレスラー蝶野正洋の全盛期を知っている人には、今の姿はがっかりかもしれない。それは俺自身だって思うよ。この年齢ではさっそうと動きまわって、こんなことをしたい、あんなこともといった青写真を漠然と描いていたけど、それとはかけ離れたコンディションだからね。

でも、振り返ってもしょうがない。

ひどい症状を押して頑張ったからこそ、みんなが認めてくれる今の自分がいるんだし、もし、あのとき無理をせずに諦めていたら、健康は残ったけど名誉にはあずかれなかったかもしれない。

どっちがいいかは死ぬまでわからないけれど、現役でやっている以上は自分の中である程度は覚悟しながらやっていた。2度目のG1クライマックス優勝のときは痛み止めを打ちながら、何とか最後まで闘い抜いたしね。

健康に関しては、試合をこなしているときは食べないと体重がキープできない体質だった。もともとは90キロで、食事とトレーニングで20キロふやして試合をしていた。

だから、食べないと減ってくる。

30代後半になると食べなくても体重は減らなくなってきたけれど、20代は食事に連れていってもらってもさんざん食べて、寝る前にもラーメンを1杯、2杯。常に24時間、胃に何かを入れている状態だった。それもあって、40歳手前くらいで糖尿病の気が出てきちゃったけど、まあ、それも、いわば職業病の一種でしょうがないかな。

糖尿病に関しては、尿酸値が一般の人の倍以上というのが続いて、そうなるとふらふらしてしまうんだよね。

それが首のけがも治りが悪かったりする要因のひとつらしい。最近はようやく基準値の7.0mg／dL以内に落ち着いてきたけど、50代に突入してから、特にそういうのがいろいろ出てきたんだよ。

50代っていうのは、それまでの不摂生や暴飲暴食とか、むちゃな生活のツケが人それぞれ、いろんな形で出てくる時期なんだろう。

俺の場合、体の不調については、実は40代に入ったあたりから実感があった。

まず、試合の疲れがなかなかとれない。

若い頃は、試合をやって巡業先で朝まで酒を飲んで、そのままバスで移動して、到着したらすぐに練習というのが全然平気だった。それが、30代前半くらいからちょっとキツいなと感じるようになり、35歳を越えたあたりからは「これはもう休んだほうがいい、明日のために」と、荒っぽい生活に対して及び腰になってくる。そして、40歳になったらもう外に出たいと思わなくなるよね。「だったら飯を食って早く休もう」と。

サラリーマンでいうと、営業なら夜のつきあいとかで不規則な生活や内臓に負担をかけっぱなしの生活をどうしてもやめられない。デスクワークにしても、長時間同じ姿勢でやっていたら、首、肩、腰への負担は計り知れないし、内臓系の動きも不活発になる。運動不足による生活習慣病の危険もある。

断言するが、どんな仕事に就いている人も40歳になったら、今の自分の生活を見直すべきだ。そのまま40代、50代と生活を改めずに突入すると、いざ自由に使えるお金と時間を手に入れたとしても、それを謳歌する健康な体を失い、毎日体のどこかに不調を感じながら過ごすことになりかねない。それって、とてつもないストレスだよ。

⚜トップを張れたとしても5年

俺は2009年のデビュー25周年記念興行を機に、体のことを考えて長期休養に入った。でも、本当は2004年、デビュー20周年のタイミングで辞めようと思っていたし、引退プランもできていた。ちょうど40歳ぐらいのときかな。

ところが、その前に同期の橋本選手や武藤さん、先輩の長州さんたちが相次いで新日本プロレスを退団し、現場監督を任されてしまったり、会社は会社でめまぐるしい派閥闘争で混乱を極めていたりで引退プランを遂行するどころじゃなくなってしまった。

本当は、トップを張っているところでスパッと辞めたかったんだけどね。

先輩でも続けている人は多かったけど、プロレスラーの年齢としては老いたような年齢になってもリングに立つ姿は、正直あまりカッコよく見えなかったんだよね。

年をとった自分をどう見せるかというのが、うまく想像できなかったから、いいところでスパッと辞めておきたいと思った。でも、残念ながらそのタイミングを逃してしまい、体調もどんどんキツくなって、それで25周年を区切りにしようと決めたわけだ。

新日本プロレスの場合、トップレスラーを張れたとしても5年。

俺もそのポジションになってみてわかったが、20代半ばから会社の期待を受けて押し上げてもらい、そこから30歳くらいまでいったら、もう次の若手が台頭してくる。プロレス界はその新陳代謝を繰り返すことが健全な団体経営ともいえる。

俺たちも、あとから佐々木健介とか、中西学、永田裕志、天山広吉、小島聡らの第3世代といわれる選手たちが会社に推されてぐーっと上がってきた。

そのサイクルが、すごく早く感じられたんだよね。

俺たち闘魂三銃士も30歳ちょっと過ぎたぐらいで、次の一手をどうするかを迫られた。橋本選手は外に出てプロレスリングZERO－ONEを旗揚げしたし、武藤さんも下からの追い上げとか、新日本プロレスの格闘技路線へと進む方向性への反発もあって退団して、全日本プロレスに電撃入団した。

俺も世代交代のサイクルを肌で感じていたから、1996年1月、nWo JAPAN結成前の契約更改のときに、「アメリカでやらせてもらいたい」と言った。新日本プロレスと契約しないという意味だ。引き留められるだろうと思っていたんだけど、会社側はあっさり、どうぞ頑張ってと。闘魂三銃士もそんな扱いになっていたんだよ。

この契約をもって、会社から推してもらう時代は、俺の中では終わった。

1984年にデビューしたから、レスラー12年目の32歳。猪木さんが55歳まで現役で、長州さんたちも40代でも長くトップ戦線にいたから、俺たちも頭の中では「40歳くらいまではトップを張れるんだよな」と漠然とだが、思っていた。

でも、会社的には全然そうじゃなかったんだよね。次から次へと新しいヤツを推して、試して、推して、試して。

その意味では、俺たちなんて会社のプッシュでトップを張ったいい見本だったと思う。今までだったら、いい選手の中から一人をピックアップして「じゃあ、ここからは藤波辰巳（当時）を推してみようか。でもヘビー級とつながらないから、だったら前田日明を推してみようか。まだ、時間がかかるかな」という具合だったかもしれない。でも、俺たちの場合、新日本プロレスから一気に上の世代が抜けたタイミングだったから、やむにやまれず3人同時に推して、たまたまそれがハマったんだ。

1988年7月、プエルトリコで即興に近い形で闘魂三銃士の結成の発表をしたと思ったら、数週間後には有明コロシアムのメインイベントで藤波、木村健吾、越中詩郎組と対戦したりね。会社としても、まだ海外武者修行中の俺らをいきなり大舞台に上げるのは相当ギャンブルだったと思うけど、運よくそれが〝吉〟と出て、次からのいいお手本になったんだろう。俺たちのあとからは、とにかく推したら選手に任せるようなシステムができてきたからね。

⚜下の世代との闘い方

下からの突き上げでトップの座をおりるということは、サラリーマンにたとえると窓際に押しやられるようなものか。でも、そもそも俺の場合は、ど真ん中には立ちたくないという性格だからショックはそれほど感じなかった。

新日本プロレスで真ん中のポジションに就くということは、とにかく猪木さんが標榜し続けた、「闘魂」を背負うということだ。俺には責任が重すぎるし、その立ち位置が窮屈に思えて仕方ない。だったら、真ん中に立つヤツを光らせるようなポジションが自分には向いていると思った。

それはど真ん中＝正規軍のトップレスラーたちとは反目する、いわゆるヒールになるということだが、その立場になれば同期のヤツらはもちろん、チャンピオンが藤波さんだろうが長州さんだろうが、次世代の佐々木健介だろうが、トップがどんどん入れ替わってもすべて俺の手で光らせることができると思ったし、実際、手応えも感じたんだ。

もちろん後輩が推されて、自分より上にいくということに関しては、葛藤がないといったらうそになる。今思うとヒールターンは、その葛藤やジェラシーの先にたどり着いた自分の居場所だったかもしれない。

大相撲でいえば、東の横綱が正規軍のトップだとしたら、俺は西の横綱を目指したということ。東の横綱は5、6人で争わないといけないし、5番手、6番手に甘んじる可能性もある。でも、西のトップでいれば、いつでも東の1番手、2番手と戦える。相手を光らせながら、実は自分も常にメイン級の舞台に立ち続けていられる。

それまでの新日本プロレスでは外国人選手が西の横綱を張っていたけど、日本のファイトスタイルに順応する選手がだんだん少なくなってきていたという、当時の事情もあったよね。

レスラーの中には、自分のことがなかなか客観視できずに、会社に推されて上がってきた若手に猛烈なジェラシーを抱き、いろいろ画策して引きずりおろそうとするヤツもいる。同期や同世代でも、東の横綱が絶対だと思い込んで、小競り合いを繰り返すヤツらもいるよね。

当時、俺は自分自身をそこまで客観視できていたわけじゃないけど、まず体調の問題があってキャリア10年を〝折り返し地点〟として、ここからどっちに向かって走るかを考えられたこと。それから面倒くさがりもあって、東の横綱を大勢で争うより、西の横綱のほうが自由に暴れ回れると思えたこと。この2つの考えから、思い切った自己プロデュースの転換ができたんだと思う。

⚜判で押した人生をリアルに実感したとき

キャリア8、9年になったとき、会社からのプッシュが終わりかけた頃だったか、自分の生活に怖さを覚える俺がいた。巡業で毎年回るコースって一緒なんだよ。なじみの土地でいつものようにバスに乗って、乗り込んだらすぐ寝て、宿に着いたら飯を外でちょっと食って試合をして、夜にまたバスに乗り込んだらテレビを見て、夜中に東京に戻り、家に帰る。

地方のどこに行っても、スポンサーに連れていってもらう夕飯はだいたい焼き肉屋で、その流れでクラブへ行く。それも毎年、ほとんど同じ時期に同じ場所に行く。そのことに、ふと気づいたんだよね。

「あ、俺、何も変わってない。こんなこと何年続けるんだろう」

ひょっとしたら、周りのヤツらは早々にこのルーティンに気づいて、もっといろいろなことを学んでるんじゃないか。そんな疑問を持つようになってしまった。

とにかく俺、このままじゃいけないよな、と。

ルーティンに甘えている自分を、あるとき初めて感じたんだ。全国を回りながら、行く先々の会場でお客さんを沸かすことだけを考えていた。闘うことが第一だから、バスでは体を休めるためにずっと寝ていた。プロレスラーとして、それは恐らく、絶対的に正しい。でも、それ以外、何も考えず、何もしていない自分に、急に不安を感じたんだよね。

20歳の頃は、自分が何をやりたいかがわからないという焦りがあり、もがいているなかでプロレスに出会った。

30歳手前になると、プロレスがある程度できるようになってきたのはいいけど、同じ生活を15年、20年も続けている先輩たちを見て、プロレスラーとしての自分の枠組みが見えてきてしまい、20歳の頃と同じような焦りや不安を感じたのかもしれない。すぐには行動に移すことができず、1年近くはモヤモヤした気持ちを抱えていた。

周りには、このモヤモヤを吐き出すことはなかった。闘魂三銃士として会社に推してもらい、第1回G1クライマックスも制覇していた俺は、はたから見たらそこそこのポジションを与えられている。不服を言ったら「贅沢だ」と一蹴されるかもしれない。

それに、全国津々浦々をバスで巡業するのは、それこそプロレスラーならではの楽しさというか、「人生は旅である」をまさに体現しているような生活で、決して嫌いじゃなかったからね。

でも、いくら楽しく充実した旅だといっても、毎年同じことを8回、9回と続けていると、やっぱり立ち止まって考えるときがあるよね。

「この街でまた同じラーメン屋で食ってるよ。俺、これでいいのか」と。

⚜ルーティンからの脱却

サラリーマンだって、そういう瞬間があるんじゃないかな。営業や販売なら全国あっちこっちに回されたりもするけど、慣れてきたら仕事のプロセスは場所が変わっても一緒だからね。

ましてや経理とかデスクワーク中心の人は、折々に問題が発生したり、同僚が変わったりして小さな変化や事件はあるにしても、ダイナミックな変化は感じづらいんじゃないかな。

俺は現状維持の日常が耐えられなくなって、会社に掛け合うことになった。そうしたら「猪木さんに直接相談してみろ」と。

初めて猪木さんを誘って東京・麻布の焼き肉屋で自分の思いを伝えてみた。そんな話を目上の人にしたのは、親にプロレスの世界に入ると言ったとき以来だった。

「実は、本隊から離れてフリーの選手としてやっていきたいんです」

猪木さんは一定の理解こそ示してくれたけど、返ってきた答えは俺の望んでいたものではなかった。

「おまえは選手会長もやっているし、みんなをまとめているんだから、もう少し頑張れ」

つまり、選手を引っ張って会社を守る立場で頑張れということだった。

俺の意志はかなり固いものだったから、この答えには困った。でも、猪木さんに伝えたことで、会社には仁義を通したことにして、G1クライマックスで3度目の優勝を果たした直後、俺は「反体制」をアピールした。この世界は結局、やったもん勝ちだからね。31歳になる直前、１９９４年の夏のことだ。

それで、俺は本隊のバスをおりて、移動も別々になったんだ。ここからは会社からの推しもなくプロデューサーは自分。すべての結果に対して自分が責任を持たないといけない。

最初の頃は現場監督である長州さんに、かなり迷惑がられた。

「おまえ一人じゃシリーズ通してシングルマッチしかできないから、カード組めないぞ。誰かをパートナーにするとか、なんか考えろ」

「いや、自分は一匹おおかみでやりたいです」

本隊を離れた直後、即席のような形でサブゥーとかヒロ斎藤さん、平田淳嗣さんと組まされていたのはそういうワケなんだ。

⚜ヒールターンして成功している人と、うまくいかない人

プロレスラーがヒールターンするきっかけは、自分自身が現状の自分のキャラや、会社からの扱いに不満を感じたこともあれば、もっと可能性を探ってみたいという自分への期待感もある。俺の場合も「現状打破」を望んだことが大きなきっかけとなった。

一般のサラリーマンは、いきなりヒールに転身なんて縁遠い話だと思うかもしれないが、これまでの自分と仕事の進め方を変えてみる、人との接し方を変えてみる、好感度を狙って身につけているものを変えてみるなど、変身の機会はあるし、そうやって自分を絶えずバージョンアップしていくことが、来るべき後半生を常に生き生きと生きるヒントになると思う。

そもそも40代、50代のオッサンが覚悟の大変身をしたところで、周りは全然気にかけていないしね（笑）。人生は一度。好きにやっていいんだよ。

ヒールターンが成功しているかどうかは、メインイベンターでいるか否かが一番わかりやすいバロメーターだ。

そしてヒールで成功し続けられるかどうかは結局のところ、プロレスをどれだけ考え

られるかどうかということに尽きると思う。

試合のカードが組まれるのをひたすら待っているだけのヒールレスラーは問題外。「次の東京ドームのビッグマッチ、メインは長州さんと天龍さんか。俺は外国人と？あんなのとうまい試合ができるかな」

なんて、とにかく与えられた仕事をこなすのが精いっぱいというレベルでは、本隊でもヒールでもパッとしないまま。そういうヤツは自分がやりたい試合のイメージが全然ないんだろう。

サラリーマンでいえば、与えられた仕事をそつなくこなすことには長けているけど、やりたい仕事がないから、誰でもできるような仕事を回され続ける状況に近い。

たとえば一つのカードを与えられたら、次にどんな展開に持っていきストーリーを回していくかまで頭の中に描く。そして、「おまえら見てろ！　俺らはこっちに突っ走るぞ」と旗をあげてお客さんを引っ張っていく。あるときには、わざとミスリードしてお客さんを欺いたりね。

与えられたものをこなすなら、誰でもできる。仕事って、そこから先が楽しいし、自分の持ち味を発揮できるんだよ。

⚜会社の閉じた世界から飛び出し自分を開け

プロレスの世界は「プロレス村」といわれることがある。たいていは閉じた狭い世界という意味で使われるけど、閉じた世界だからこそ、ツーといえばカーと通りがいい。「あの人が、ついにあの人とアレをやるんだって」というアレアレトークでも話が通じるし、けがでレスラー人生の危機を迎えた選手がいれば、みんなで助け舟を出すような温かさもある。

ただ、レスラーとしては絶えず外の世界にもアンテナを張り、今この瞬間に世間が求めているもの、面白がっていることも敏感に察知していないと、ファンの目をひきつけておくことはできない。

これはビジネスも同じだろう。

たとえば、会社の広告宣伝をある広告会社に任せたとする。最初はテレビ事業のブッキングをしたけど、2、3年たつうちにテレビ広告自体の需要が減って、その広告会社はイベント事業メインにシフトしているかもしれない。そうなると、頼んでいるこちら側も、テレビ広告にこだわるなら別の会社に変えたほうがいいかもしれないし、今の取引企業と新たな広告宣伝を練り直したほうがいいかもしれない。

大切なのは、相手の状況を聞くこと。雑談ベースでもいい。

だいたい、やり手経営者の人たちは、この業態一本で勝負というのは少なくて、まったく違う業種、業態をグループに取り込んでいたり、投資をやったりして、マイナスの部分をプラスの収益でカバーしているからね。

あとは、自分の決まったメニューだけを注文してちゃダメだ。おすすめのメニューを聞き出さないと。

プロレスでいえば、「これをやれば必ずファンにウケる」なんて思っていたら、いずれ飽きられる。製造販売の会社であれば、買い手のトレンドを敏感にキャッチする。その努力が、長年にわたり選手として支持される、また商品なら買い続けられる秘訣だろう。

俺の会社も毎年新しいことをやろうといろいろ入っていっているけど今のところ全部ダメ。近年注目されているＮＦＴにしても、仮想通貨がとにかく必要だけど、圧倒的に使っている人数が少ない。俺たちの世代となるとさらに限られてくるから、今のところはおいしいマーケットではない。NFTの提案も一度は受けたが、今度は簡単には手を出すことはないだろう。

ただ、トライすることには意味があるし、逆をいえばトライの先にしか新しいビジネスチャンスや新しい人生は訪れない。ほんの数ミリでもいい、新たな方向へ自分を開くことは後半生の充実度にも関わってくると俺は思っている。

⚜武藤敬司引退試合に肩書なき人生を生きるヒントがあった

2023年2月21日、武藤さんがついに引退した。引退試合の舞台は東京ドーム。一人のプロレスラーの引退で、東京ドームに3万人を集めてしまうなんて、さすがはスーパースターだよ。

内藤哲也選手との試合を、俺は生中継のゲスト解説として目の前でじっくり見届けさせてもらった。この実況解説以外に武藤さんの引退試合ではもう一つ、試合前にリング上でメッセージを送るという役目も仰せつかっていた。ただ、リングにたどり着くまでには東京ドーム特有の長い、長い花道を歩かなければならない。

脊柱管狭窄症の手術後、リハビリに取り組んでいるものの日常生活ではまだつえをついて歩いている。花道もつえでの入場となるのは仕方ないとして、見守るファンや試合を控える武藤さんを心配させないためにも、ちょっとはシャンとした姿で歩きたい。それで、前日にはペインクリニックで痛み止めの注射を打ってもらい、当日に備えていたんだ。

これは今だから言える話だが、引退発表の記者会見とか折々で武藤さんが俺に「一緒に引退やろうぜ」なんてしつこく言ってくるもんだから、「もしかしたら、ちょっとならできるかもしれない」なんて俺もその気になってきて、試しにある日の晩、犬の散歩に出たことがあったんだよ。そうしたら、犬に引っ張られて見事に転んじゃってさ(笑)。そんな自分にまたショックを受けたりしたんだよ。前に走ることもできなきゃサイドステップもできない。武藤さんには申し訳ないけど、こりゃムリだって。

ところが、だ。武藤さんは内藤選手との試合後に、いきなり「蝶野! 俺と戦え!」なんて言いだしてさ。

絶対に無理であることは俺自身がよくわかっている。だが、俺の体がここまで悪いことは俺以外、誰も知らない。つまり、「やらない」「できない」という答えは一切通用しないということだ。武藤さんを恨みながら、俺は覚悟を決めてリングに上がった。

映像を見てもらうとわかるが、俺は自分の動きを確かめるために、リング上でちょっとバックステップをしたんだよね。それで、「あ、なんとかできるかな」と。でも、考えたら戦うときって、お互いけん制しながら左右どちらかに回るにしても、足の運びは常に前方に向かうんだよ。でも、俺は試合からだいぶ離れていたせいで、なぜかバックステップでコンディションを確認してしまった。みんな気づいていないかもしれないけど、俺としては、「やっちまったな」と恥ずかしい気持ちだよ。

膝に痛みをこらえながらの1分37秒。短くとも、武藤さんを自分の手で見送れてよかったよ。

武藤さんが最後になぜ俺をリングに呼び込んだかというと、やっぱり客を喜ばせたかったからだと思う。引退ロードを通してやるべきことはやってきた。でも、最後にもうひと声、お客さんを驚かせ、喜ばせるような仕掛けがしたい。彼の中にはたぶん、それ以外なかったはずだ。プロレスラー武藤敬司が愛され、求められ続ける理由はここにある。

俺の体をこれっぽっちも労わらない無責任さを除けば（笑）、武藤さんの発想力やサービス精神は、肩書がなくなってからの生き方にもきっと大きなヒントをくれるだろう。

1 橋本真也
新日本プロレスにおいて蝶野正洋、武藤敬司とともに闘魂三銃士として活躍。2000年にZERO-ONEを旗揚げした。2005年7月11日に死去。

2 TEAM2000
チーム・トゥーサウザンドと読む。かつて新日本プロレスで活躍していたヒール（悪役）ユニット。蝶野正洋は当時「I am CHONO! TEAM 2000」と叫んでアピールするのがひとつの見せ場だった。

3 nWo
nWo（エヌ・ダブリュー・オー）。かつて新日本プロレスで活躍したヒールユニット。1996年にアメリカでハルク・ホーガンらが結成したnWoを蝶野正洋が新日本プロレスで展開。爆発的ブームを起こした。

4 G1クライマックス
正式にはG1 CLIMAX（ジーワン・クライマックス）。毎年夏に開催される新日本プロレスのシングルマッチのリーグ戦。

5 NWAチャンピオン
全米レスリング同盟。かつてはプロレス界の最大の権威だった。蝶野正洋は1992年にこのタイトルを獲得した。

6 UWF
かつて存在した団体。第1次（1984年旗揚げ）と第2次（1988年旗揚げ）がある。関節技や蹴りを多用するスタイルが特徴。前田日明、藤原喜明、高田延彦、山崎一夫らによる第2次UWFは社会的ブームとなった。

7 ジャックオフ
英語のスラングで自慰行為のこと。

8 興行論と道場論
プロレスの道場における関節の極め合いで強さを競うのが道場論。観客を入れた興行をいかに盛り上げるかが興行論。

9 UWF系
UWFから分派したリングス、UWFインターナショナル、パンクラスなどの団体。

10 全日本プロレス
1973年にジャイアント馬場が旗揚げした団体。馬場の死後も経営者の変遷や選手の入退団があるが存続している。

11 K-1やPRIDE
K-1（ケイ-ワン）は空手団体・正道会館の石井和義が1993年に設立した打撃を中心とした格闘技イベント。PRIDE（プライド）は1997年にスタートした総合格闘技イベント。

12 三沢光晴
三沢光晴は全日本プロレスのエースとして活躍後にプロレスリング・ノアを旗揚げ。試合中のアクシデントにより2009年6月13日に死去。

13 ブラック・キャットさん
かつて新日本プロレスに在籍したメキシコ人レスラー・レフェリー。2006年1月28日死去。

14 IWGPヘビー級王座
IWGPヘビー級王座（アイ・ダブリュー・ジー・ピー、ヘビーきゅうおうざ）。インターナショナル・レスリング・グランプリは、「IWGPリーグ戦」として開催されていたが、その後にタイトル化された。新日本プロレスの一番の称号。

15 サブゥーとかヒロ斎藤さん、平田淳嗣さん
サブゥーは1990年～2000年代に日本でも活躍したアメリカ合衆国のプロレスラー。ヒロ斎藤は新日本プロレスでデビューしたプロレスラー。nWo、TEAM2000で蝶野をサポートした。平田淳嗣は新日本プロレスでデビューしたプロレスラー。覆面レスラーであるスーパー・ストロングマシーンとしても活躍した。2018年に引退。

第2章

蝶野正洋に聞け！

Q1

激闘で体を
酷使されてきましたが、
けがや痛みに対する特別な
対処法はありますか？

Answer

過信するな、休め

とにかく早い処置だろう。少しでもヤバいと思ったらすぐ安静にする。そして体と心を休めてほしい。闘魂三銃士のパートナーであり好敵手でもあった橋本真也選手や、トップレスラーであり続けながらプロレスリング・ノアの社長業も全力で取り組んでいた三沢光晴選手。2人とも満身創痍の状態であったはずなのに、多忙を極めていたせいでけがや体調不良へのケアがあと回しになっていたんだと思う。橋本選手は享年40。三沢選手は享年46。2人の早逝が本当に悲しく、残念でならない。

40代や50代前半で体力が下り坂になっていても、仕事の面では以前にも増してバリバリこなしているという人も多いはずだ。でも、自分の体を決して過信せず、まずは健康第一だと日々自分に言い聞かせてほしい。

俺にしても若手時代に頸椎を負傷して以来、今に至るまで長年の肉体酷使によるけがや持病の糖尿病と向き合い続けてきた。それでも、若いときからの度重なる頸椎のけががあるからこそ「早めの対処と安静」という意識をもつことができたと思っている。

Q2

なるべく精神的な
ストレスを抱えないような
仕事の進め方はありますか？

Answer

早めに準備しろ

仕事をしていて一番のストレスは何か。俺の場合は納期や締め切りに間に合うか、毎月の支払いがクリアできるかとか、とにかくギリギリまで判断や予測がつかないときにものすごいストレスを感じる。働いている人もそうじゃないかな。「○○がうまくできない。到底間に合わない」とはっきりわかっていれば次の一手を打つことができる。「できなかったらどうしよう、間に合わなかったらどうしよう」とモヤモヤ、ジリジリしているときが一番、胃をきゅーっと締めつけられるような嫌な感覚に襲われるものだ。

だから俺は事前の準備と早期解決を心がけている。起こりうるネガティブな事態をできるだけ先回りで想定して、自分なりに情報を集めて対処の仕方を決めておくんだ。それをやったとしても実際に役に立つのは10のうち1あるかどうかだけど、「準備だけはしておいた」という安心感がストレスをだいぶ和らげてくれる。

まあ、それでも4年に1回くらいはストレスで逆流性食道炎になるんだけどね（笑）。もし事前に準備していなかったら、俺はとっくにつぶれているだろうね。

Q3

精神的なストレスにはどう対処していますか？

Answer

バッテリーチャージせよ

俺は経営者だから常にストレスと共存しているのかもしれない。月々の売り上げ、従業員への給料の支払い……胃がシクシクするような要因はあげたらキリがないね。でも、見た目と違ってアルコールは体が受けつけないから酒でストレス発散はできないし、ギャンブルにも興味がない。アルコールは一時的な現実逃避にはなるかもしれないが、本当のストレス解消とは違うだろうしね。

俺は「疲れたな」と少しでも倦怠感があったら、多少仕事が滞ったとしても横になるようにしている。倦怠感があると正常な思考能力がなくなって経営でもまともな答えに行きつかなくなるからだ。たとえば一日中動き回って帰宅して、夕飯前に30分でも時間があればソファに横になる。「まだ夕方なのにアンタ何やってるの！」なんて妻のマルティーナには言われるが、自分の状態は自分が一番よくわかっているからね。でも、そのまま朝まで寝ると生活にメリハリがなくなって余計にストレスがたまるから、起きて家族で夕飯を食う。古いケータイをちょこちょこ充電して使い続けるのと一緒で、俺らの年齢になるとそんなちょっとしたことでも心身がリフレッシュするんだよ。

Q4

プロレスラー時代の最大のストレスは？

Answer

けが以外にない

真っ先に思い浮かぶのは新弟子時代のけがだ。「廃業するしかない」というところまで精神的に追い込まれた。１９９２年、28歳でＧ１クライマックスを連覇したときも、「けがこの状態のままなら現役で闘える期間は長くないだろう」と覚悟した。その後は痛みをとるのが最優先というプロレスラー人生を送り、１試合、１試合をこれで最後と思って闘ってきた。ただ、今は新人や若手レスラーがけがとか体調不良で試合を休みたいと言えば、会社としては休ませるのが当然になってきている。俺のようにけがでストレスを抱える選手は減ってきているだろうし、俺としても切にそう願っている。

俺たちのような50代、60代はみんな、少年時代から具合が悪いから学校を休むと訴えても、「行けば治る」と有無を言わせず学校へ行かされた。そういう根性論が染みついている一方、若い世代の今のやり方にも理解を示したい。昭和世代ってその板挟みでメンタルにもストレスがかかっているはずなんだよ。だけど「休みます」となかなか言いだせないのもまた、この世代の特徴だ。それでも残りの長い人生を考えたら、ここからは意識して積極的に休む意識をもつべきだ。ムリをしまくった同世代の俺が言うんだから間違いないよ。

Q5

食生活で
特にこだわっているものは
ありますか？

Answer

1日2食で食いたいものを食う

若手の頃はなかなか体が大きくならなかったから、とにかく食って食って食いまくるという生活が長く続いた。そのせいもあってか糖尿病ともずいぶん長いつきあいになっている。漢方薬とかいろんなことを試してきて、今は糖尿病に関連する数値もやっと正常値に戻ってきた。じゃあ何でも食えるかというと、やっぱり60歳の自分に30代、40代の頃の食欲は明らかにない。人間の体はうまくできていて、年齢に合わせた食べ方に自然となっていく。今の俺は1日2食でちょうどいいぐらいだね。よく病院で「検査前12時間は食事をとらないように」と言われるけどそれと同じペースで、たとえば夜8時に食事したら次は翌朝8時に食べるという感じだ。

50代以降になっても30代、40代の満腹感が忘れられず食事内容や食事量を変えられない人は、精神的なストレスによる過食の可能性もあるから気をつけたほうがいい。体自体は欲していないわけだから。1日2食で食いたいものを食い、足りない栄養素があればサプリメントなどで補う。それが今の俺の食に関するルーティンになっている。

Q6

選手の頃から激しいトレーニングを続けて思うことは？

Answer

何でもやりすぎはよくない！

過酷なトレーニングによって心身が鍛えられ、体力勝負の過酷な試合にも耐えうるというメリットはあるものの、度を超えた運動は体を壊すだけで、実はいいことなんてほとんどない。プロレスは特に首や背中にダメージを負うケースが多いし、頸椎や脊椎にけがをしたら生活に大きな支障が出てくる危険もある。たとえば屈強な男ども2、3人を乗せて背中を弓のように反らせてブリッジするプロレスの練習があるけど、脊椎ってもともと前に曲げるようにできているんだよ。骨格の構造を無視した動作はむちゃすぎる。

プロレスの場合、一人の選手を売り出す期間は長くて5年。それを過ぎたら会社は次の世代をプッシュしてくる。俺自身がそうだったけど、上にいったヤツほどそこにとどまりたいから若い選手たちができないようなキツいこともやろうとして、どんどん過激な方向にいきやすいんだ。サラリーマンでも〝むちゃする自分が好き〟な人ってけっこう多いだろ？　本当は会社が線引きすべきだけど、それを期待できないならむちゃをする自分に酔うことはどこかの時点でやめて、より効率的な鍛え方、生き方を模索すべきだろう。

Q7

長年同じ体形をキープしているように見えます。その秘訣は？

Answer

何でもいいから継続しろ

俺も最近はさすがに腹が出てきているよ。でも2年前に腰の手術をしたからジムのトレーニングもままならないのが本音のところだ。基本的に効率重視の怠け者だから、現役レスラー時代も試合に最低限必要な練習で十分だと思っていた。その空いた時間はどうすればお客さんが喜ぶかを考えることに費やしたから、２００％調整して臨む選手にもリング上のパフォーマンスで負けない自信はあったね。

そんな俺だから体形キープのアドバイスはできないが、強いて言えば何事も「続ける」ことだろう。たとえば薬やサプリメントでもサボらずに飲み続けることをすごく気をつけている。長年けがや不調と闘ってきたおかげで、どんな薬も1日飲んだだけじゃ治らないと思い知らされているからね。あとはまめに水を飲むようにしたり、自宅で簡単に腕立て伏せやスクワットをやったり。しつこいようだけど、すべて継続しないと意味がないと思っている。武藤敬司選手の引退試合が終わったら俺も何だか燃え尽きてやる気がなくなってたんだけど（笑）、そろそろ復活させないといけないね。

Q8

今もタレント活動など
表舞台で活躍していますが
「蝶野正洋らしさ」を
どう保っているのですか？

Answer

サングラスをかければいいんじゃない？

人生、長く生きている間に「自分らしさ」を象徴するような言動やアイテムの一つ、二つをつくっておくに越したことはないと思う。初対面の人に「自分はこういう人間です」とくどくど説明する手間も省けるから、再就職や第二の人生を歩むにあたってもプラスになるだろう。俺から見て自分らしさのアピールに最も長けていたのが、何といってもアントニオ猪木さんだ。猪木さんといえば、老若男女の誰もが「元気ですか〜！」のフレーズを知っている。現役時代はもちろん引退後も、そして晩年のリハビリのときでさえ猪木さんは「元気ですか〜！」を貫いた。俺も腰を悪くしているから想像できるが、リハビリなんて本当に苦しいし、激痛でうめきながらやるものなんだよ。ＹｏｕＴｕｂｅでリハビリの様子を見て、痛々しいと思った人もいるかもしれないけど、「24時間アントニオ猪木」だった頃に付き人をしていた俺から見ると、あれは１００％アントニオ猪木だった。

俺も回復の過程で「蝶野も頑張っているな」と思ってもらえたらそれでいい。蝶野正洋らしさはサングラスでもかけておけばオッケーじゃない？（笑）

Q9

若い人におすすめしたい健康法はありますか？

Answer

早めの意識と治療。そして旅に出ろ

大きな病気やけがに目がいきがちだが50代以降になると、たとえば歯がガタついてきたり、耳や目に不具合が出てきたりと、若い頃には気にもかけなかったところに細かい不調が出てくるものだ。この細かい不調は意外と厄介で、後半生の行動範囲を狭めたり更年期うつの一因になったりしかねない。できれば30代くらいから早め、早めに検査と治療の意識をもつことが後半生の「心身の健康」の決め手となるだろう。

健康法とは話がズレるが、動けるうちに旅行はしておいたほうがいい。旅行ってすごく体力を使うから。ちなみに、俺は海外旅行ならベタな観光地巡りも好きだが、妻のマルティーナはその国の文化をエンジョイしたいタイプだから、ヨーロッパならナイトシーン見学にクラブへ行ったりする。以前はお互いの行きたいところをタイトなスケジュールで回ったりもしたが、さすがに60代に差しかかろうという今は若い頃のように動けないから10日間くらいかけて、しかも1日は完全休養日をつくるようにしている。旅に限らず広い行動範囲が必要なことは若いうちにやっておくべきだし、40代、50代でも健康に自信がある人はぜひ行動して人生の幅を広げるべきだろう。

Q10

多忙な中
「休養」（精神的休養、肉体的休養）は
どうとられていますか？

Answer

1週間単位で休める日をつくれ

リングから退いた今も、ありがたいことにイベントや講演会に呼ばれる機会が多い。こうした予定はイレギュラーで入ってくることが多いから、毎週○曜日は必ず休むということが難しいが、かといって今の俺のコンディションでは10日間休みなしのぶっ続けみたいなハードスケジュールではもたなくなってきた。だから、スケジュールに関してはざっくり1週間単位でみるようにしている。週末に予定が入ったら、平日に必ず休みを入れるようにしたりね。それをやらないと生活のリズムも乱れて気力や体力が続かない。空港で長い距離を歩いたりすると必ず足がつってしまったりする。

以前は精神的に多少キツくても体力でカバーできたり、逆に体がキツくても気力でもちこたえたりできたが、最近は体と心の疲れがかなりシンクロしている自覚がある。この自覚が実はすごく大事で、無自覚に体の疲れを無視していると思考力にも影響して経営判断がにぶるし、脳みそが疲れているのに無理に動けばけがをする。年をとったら動かすときも休めるときも、心と体を常にセットで考えるべきだろう。

Q11

眠れない夜はありますか？

Answer

分散睡眠で寝不足回避に努めよ

眠れない夜？　そんなのしょっちゅうだよ。ひどかったのは2021年に腰の手術に踏みきる前の2年間。痛みのせいで熟睡なんてまったくできなくて、さすがの俺もギブアップしそうになったよ。でも、寝不足はそのはるか以前からで、特に2000年にアパレルの経営者になってからは月末が迫れば嫌でも資金繰りが頭から離れなくてね。自分が雇ってもらっていた頃は月末に給料が振り込まれたら、どこに行こう、何をしようって楽しみ先行だったけど、今は真逆だ（笑）。

眠れないときや夜中に起きてしまったら無理せず起きるようにしているし、スマホを見ることもある。昔はそこで何か食べていたけど、健康によくないし年齢のせいか以前のような食欲もない。どうしても腹に何か入れたかったら白湯を飲んでもう1回寝る。その代わり、昼でも眠気が襲ってくれば逆らわず、30分でも1時間でも休憩をするという分散睡眠で睡眠不足をカバーするようにしている。

Q12

いま一番のストレス発散は何ですか？

Answer

何だかんだ言って家族だね

家族と過ごすといろいろ面倒くさいことが多いのは俺も同じで、妻のマルティーナに文句を言われたり子どもの悩みを聞いたり、よく毎日ネタ切れしないなというくらい。しかもすべてすんなり解決しないんだよ。うちは妻と長男長女の4人家族だけど、たとえば家族で外食するというときも、お兄ちゃんは肉が食べたい、下の子は肉よりパスタがいい、とかね。しかも「前回は俺が折れたから絶対に肉だ」とかお兄ちゃんが言いだしたりして、どちらかが折れるまで出発できない。リングで闘うほうが白黒はっきりしててよっぽどいいというくらい面倒くさいんだけど、仕事で張りつめていた神経がいつの間にかほどけてほっとしている自分がいるんだよね。消防団活動で災害などの非日常についても学んでいるから、この日常は決して当たり前じゃないという気持ちもどこかにあるのかもしれない。

とはいえ、時には家族のもめ事に嫌気が差すこともあって、そういうときはクルマの運転がすごく気分転換になっている。何しろ俺は究極の面倒くさがりだから（笑）、たまには独りになる時間が必要なんだろうね。

Q13

50代ですが
筋トレを始めようと思っています。
何から始めたらいいですか？

Answer

基礎中の基礎からでオッケー

たとえば腕立て伏せや腹筋運動、スクワットなど自宅で今すぐ始められるものからでいい。畳1枚分でできて場所もとらないしね。その点でいえば、最近は四股を踏むのも体幹や下半身強化の運動として見直されているらしい。とにかく基本的な運動から徐々にステップアップしていけば、「次はウォーキングしよう。その次はランニング、ジム通い……」となってくる。焦ることはないよ。最初から張りきって続かないのが一番もったいない。スクワットだって深くしゃがまずにハーフスクワットでいいし、腹筋運動も最初は少し体を起こすくらいで十分だ。

気持ちは20代、30代のままだから、腕立て伏せが2回しかできないなんていう自分の現状にがっかりするかもしれない。でも、「たったの2回」と落ち込むんじゃなくて、「だったらヒザをついて5回やろう」と前向きにとらえるべきだ。衰えは自分だけじゃなくて誰にも起こることだと現実を潔く受け入れたほうが気持ちもラクだし、挫折せずに続けられる。筋トレや運動で一番大事なのは何をおいても「継続」だからね。

Q14

トレーニングを始めて早々
挫折しそうです…

Answer

やり始めた自分を褒めろ

レスラーってタイプが2つにはっきりわかれるんだよ。引退後もトレーニングを欠かさない人と、まったく体を動かさなくなる人と。前者はどちらかというとコツコツ型で、健康維持くらいの目的でも習慣として運動を続けることができる。逆に、後者のタイプにとって運動は大事な試合やタイトルマッチなど明確な目標を達成するための手段。引退後はその目標がなくなるわけだから、運動なんてストレスのたまるようなことはしない。

レスラーの多くは後者のタイプだと思うし、俺も具体的な目標があって初めて動く人間。武藤さんの引退試合前は人前に出るからとコンディションを整えたけど、終わった今は……言うまでもないよな（笑）。だから、コツコツと真面目にやるタイプの人は素直にすごいと思うよ。周りを見たってそんな人間は10人に1人いるかいないかくらいじゃないか。まずトレーニングを始めたこと、そしてちゃんと続けられていること。この2点だけでも自分を褒めるべきだし、褒められないなら俺が変わって褒めてやろうか？

Q15

今振り返って、
プロレスラーとして
成功する秘訣は
何だったと思いますか？

Answer

ライバルに食らいつき出し抜く術を考えた

猪木さんは別格として、分厚い壁だった藤波辰爾さん、長州力さん、同期の闘魂三銃士、そして後輩たち……。プロレスは追い抜き追い越せの世界だが俺の時代は幸いにもその陣容のレベルが高くて、そこに必死に食らいついていったことが大きかったと思う。レベルが低かったら〝手抜き上等〟の俺だけに、そのレベルなりに収まっていただろう。

群雄割拠の環境で自分をどう生かすか？　これはいつも考えていた。たとえば東京ドーム大会のようなおいしい舞台でどうやってメインイベントをとりにいくか？　基本的にはＩＷＧＰヘビー級タイトルマッチ絡みになるが、自分がそのときタイトルに絡みづらいポジションにいたら、ダブルメインイベントとして組んでもらえる魅力的なカードを自分絡みでつくっていく。しかも俺がやったら次のヤツがもう上にいけないようなカード、試合をつくってしまう。一般のビジネスでいえば同僚とか他社の思いつかないアイデアや方向性、売り方を常に考えていた。それができたのも、出し抜きがいのある同期がいたからなんだけどね。

Q16

今の経営者としての蝶野さんに
ライバルはいますか？

Answer

いない。それが問題だ

明確なライバルがいれば新しいアイデアを競い合ったり、相手がやっていないことを研究して先んじてトライしたりするなど経営にもメリハリが出るだろうが、なかなか見当たらないのが現状だ。格闘家の朝倉未来選手なども自身のブランドを出しているよね。ストリートからフォーマルシーンまでカバーするうちとは競合しないけど、彼の若い発想はいい刺激になっているよ。

アパレルはコンセプトやテーマに共鳴した人間やブランド同士がその世代でトレンドをつくりあげていきカルチャーを変えていくという力がある。俺がアリストトリストを始めたときもそういう接点がないことはなかったけど、何しろ畑違いのジャンルにいきなり足を踏み入れた形だったから、その辺のコラボレーションは上手じゃなかったよね。このビジネスに関してはとにかく長い目で見ているし、会社もまだまだ基礎体力強化の段階。ものづくりって時間がかかるものなんだよ。

Q17

会社から便利屋扱いされています。
どうしたらいいですか？

Answer

相手の思惑を見極めろ

便利だからアイツに全部振っておけ、みたいな〝スーパー雑用係〟ってどの会社にもいるよね。俺だってその憂き目に遭いかけていた。上を見れば長州さん、藤波さんのような〝部長クラス〟がいて、さりげなくこっちを見ている。で、なかなか出てこないなと思ったらおいしい話があるときに限ってとりに来るんだよ（笑）。自分の手柄は自分で考えなければということを嫌というほど学んだね。

サラリーマンの世界でも、どんな仕事も器用にこなしてしまう社員には厄介な案件が回ってくるから一見、貧乏くじを引いているように感じるかもしれない。でも、実はそれだけ会社から信頼を得ているわけで、ここで仕事を成功させれば評価はさらに高くなる。「何で俺ばかり」と思う気持ちもわかるが、自分に押しつけてくる上司や会社の意図、思惑をくみとって、自分にしかできない仕事ぶりを会社にアピールするのも一つの手だろう。無自覚に言われたまま仕事をこなしていると、それこそ会社につぶされて終わりかねないよ。

Q18

怒ることはありますか?

Answer

まずないが怒る姿勢は見せる

仕事では、こちらの言うことに全然耳を傾けないスタッフに対して声をあげることもあるが、手をあげたりはしない。新日本プロレス時代、いやさかのぼって少年時代から感情的になる場面が少ないのが俺の特徴かもしれない。ただ会社をスタートアップさせて4、5年目くらいのとき、ミーティング中にうたた寝していた社員がいて、注意を何回かしたが直らない。それで裏に呼んで一度だけ頭をたたいてしまったことがある。結局、彼は辞めてしまったので、安直でうかつな叱り方をしたことは今も後悔している。

家庭では、妻とも子どもともよく言い合いはするね。俺が子どもを叱るときは声のトーンが一段下がるらしく、その声で注意すると、「これはヤバい」というのが伝わるらしい。ただ、何度もやりすぎてその神通力も失われてきているのは困ったものだ。まあ、家庭でのほうが少し感情的にはなるが、家庭でも仕事でも基本的には怒るというより怒る姿勢を見せて相手にわかってもらうというスタンスだ。

Q19

仕事人としてピークを迎え
充実を感じる一方で、
体が追いつきません。
無理して仕事に打ち込むべきなのか、
少し力をゆるめるべきなのか、
どう思いますか？

Answer

若いときと同じエンジンではないと自覚せよ

仕事を覚え経験を積んでいよいよ仕事人としての旬を迎えるわけだが、そのピークは思ったより短いものだ。俺もデビュー当時はレスラー人生を20年と考えていたが、10年経過した時点で体調面の不安にぶつかり第二の人生を考えるようになった。

今の仕事が充実しているとはいえ〝働き盛り以降〟の人生は長い。仕事人として燃え尽きてしまうと健康面で後半生を棒に振ることにもなる。自分だけならいいが、看病や介護で家族を巻き込むようなことになれば誰も幸せになれない。

自分の老いを認めたくない気持ちもわかるが、そこは潔く認めるべき。そして心身を無理に追い込む代わりに「経験」という新たな武器の使い方を考えたほうがいい。「仕事に打ち込む」に夜のつきあいや休日の接待なども入っているなら、それも〝卒業〟の時期だ。もう若いときと同じエンジンは積まれていないのだから。

Q20

これから
プロレスやタレント業とは
まったく関係のない
ビジネスをするとしたら、
何をしますか？

Answer

政治家の可能性もゼロじゃないかもな

よく「政治家にならないのですか？」と言われるけど、ずっと興味がなかったんだよね。だいたい学校の授業も耐えられなかった俺が、長時間の国会でじっとしていられるわけがない。どこかの議員さんみたいに予算委員会で熟睡しちゃったりね（笑）。ただし、最近は少し考えが変わってきてもいる。消防団などの社会貢献活動で地域の人たちと交流をもったりすると思うんだよね。「世の中を変えるには政治だな」と。

俺から見て政治家って大勢の声を代弁する係で、選手会長みたいなイメージがある。テレビ業界でいったら実際に番組を制作するディレクターやプロデューサーはほかにいて、政治家はタレント業に近い感じかな。だとしたら、政治家の仕事のメインは市井の声をできるだけすくいとって国の本丸にもっていくこと。そして本丸からの情報をできるだけわかりやすく人々に伝えること。で、大切なのは実務全般を実際に取り仕切る事務方の束ね方ということになるかな。ちょっと真剣に考えちゃったけど、蝶野正洋の最後の冒険が何になるかは俺自身が一番楽しみにしているかもしれない。

Q21

若手の指導に悩んでいます

Answer

伸び伸び働けるムードをつくれ

ジャパンの優勝で日本中が湧いたWBCでは、栗山英樹監督が選手たちに主導権を預けていたよね。監督によっては円陣に入りたがったり、選手起用にしてもいろいろ踏み込みすぎたりしがちじゃない。そこで自分が一歩、二歩下がったから話題になったわけだよね。もちろん個々のメンバーのレベルが相当に高かったからできたという面もあるが、会社に置き換えても若手を信頼してある程度任せてみるという器量も時には必要かもしれないね。そのためには若手一人一人の個性や性格を見極めておく必要もあるだろう。

俺の場合、選手時代は若手に余計な緊迫感を与えないことは常に意識していた。天山広吉とタッグを組んでいた頃、東京ドームのビッグマッチでガチガチに緊張していた天山に、「おまえ、パンツにシミがついてるぞ。ついでに靴ひもも外れてるぞ」とイジって和らげたりしたものだ（笑）。若手とか立場が微妙な人を威圧感でピリつかせるのは好きじゃない。バックステージ全体のバランスを見てたるんでいたら引き締める。空気がギスギスしていたらちゃかしてリラックスさせる。職場のムードづくりもキャリアの長い人間の役目だろう。

Q22

プロレスラーとしての経験で一般の人のビジネスにも役立つメッセージは？

Answer

何事も常に〝お客さんとの闘い〟だ

サラリーマンとレスラーが闘う相手は同じ。やっぱり顧客だ。プロレスラーはお客さんがどう反応するか、いかに支持してもらえるか？　を常に考えているが、その発想はビジネスでも変わらない。顧客を満足させるためには他社以上のクオリティーのものをつくらないといけないし、それが無理ならデザインにひとひねり加えるとか。そうやってビジネス頭を駆使して新しいモノづくりやイベントを生み出そうとしているときが、実は一番楽しいんだよね。道路でいえば、3車線ある中で一番安全な真ん中を走るのか、左車線なのか、それとも右側の追越車線なのかをその都度選択して、車線を変更しながら快適にクルマを走らせる。そこはプロレスもほかのビジネスも一緒だと思う。

武藤さんの引退試合は、武藤さんのビジネス脳が最高最大に発揮された好例だと思う。最後の最後に引っ張りだされた俺は3つか4つの動きしかしていないけど、お客さんのほぼ全員の頭に残っちゃっているわけだからね。

Q23

自分が本当にやりたいことを
見つけるためには
どうしたらいいでしょうか？

Answer

せっかくなら社会に還元する活動を

自分がやりたいこと？　見つけろテメーで！　と言いたいところだが、それでは回答にならないよな（笑）。本当にやりたいことは仕事ではなく趣味で見つけるのが50歳を過ぎた人の正解だと思う。金銭的に余裕があれば、これだというものに出会えるまでいろいろチャレンジしてみたらいい。ただ、趣味には生産性がないから、老後資金に不安があるなら筋トレやウォーキングなど元手がかからずに健康づくりができるような趣味がいいかもしれない。

今まで仕事人間だった人は生産性を追い続ける半生だったわけだけど、その役割は年をとるごとにフェイドアウトしていく。それでは生きがい、やりがいを新たにどこに求めるか。俺なんかは横断歩道で旗を振って小学生を安全に誘導している人を見て、いいなと思うね。社会に還元する気持ちを味わえて人にも感謝される。それが本当にやりたいことかどうかは別として、心は満たされると思うよ。

Q24

定年後は趣味の会や
社会貢献活動を主催・運営する
「プロデューサー」的なことも
やりたいので、ぜひコツや
ヒントを教えてください

Answer

集まった人をいかに楽しませるかを考えろ

人を集める場合、そこで自分を見せたいと思う人と集まった人たちを楽しませたいと思う人がいる。正しい考え方は間違いなく後者だ。プロレスラーでもお客さんに自分のいいところだけを見せて自己満足で終わっている選手がたまにいる。お客さんはどんなにすごい技を見ても白けきってるよね。それはどんなに小さな趣味の会であっても同じだ。楽しい共通項があるからこそみんな集まってくれているわけだから、期待以上に楽しんで盛り上がってもらうような仕掛けをいろいろ考えてみたらいい。また、人をいかに楽しませるかを考えているときって、自分も楽しくなるもんなんだよ。

もし自分を見せたいとか自分が主役になりたいと思うなら、絵を描く人なら個展をやればいいし歌が好きなら街頭で歌えばいい。そこに少しでも集客を考えるなら、やっぱり〝主役は来てくれる人〟という軸だけはぶらさない。日常のコミュニケーションも同じだけれど、相手をいかに楽しい気分にさせるかが年をとるごとに必要になるんだ。

Q25

この人は自己プロデュースが
うまいと思う有名人は?

Answer

ダントツは武藤敬司。新庄監督もうまいね

俺の中では悔しいけど武藤敬司選手がナンバーワンだしオンリーワンでもあるね。引退ロードにしてもそうだが、武藤さんを見ていると自己プロデュースは自分をよく見せることではなく、周りをどう楽しませて自分の世界に巻き込むかに尽きるのだと改めて思うよ。

プロレスラー以外ではプロ野球北海道日本ハムファイターズの新庄剛志監督かな。あの自由奔放なスタイルに苦言を呈する野球関係者もいるようだが、俺は全然アリだと思う。就任会見で「優勝は目指しません」なんて言っていたけど、あの一言で「優勝したら面白い」とファンは応援するし、アンチだって何となく日本ハムの順位を気にするようになる。そして選手も心のどこかで優勝を意識する。新庄ビッグボスはすごくクレバーだから、これでファンが一人でも増えたら勝ちだと思ってもらいたいね。

刺激的なコメントで注目をひきつけるというやり方は、20年以上やっているプロレスラーならお手の物だろう。ただ、レスラーってそこから欲張っちゃう生き物だから〝蛇足〟で失敗するヤツも本当に多いんだよ。

Q26

プロレスラーになると決めたのは
いつですか？
そのきっかけは？

Answer

2浪時代に見た藤波vs.長州戦

もともとサッカー少年だったのが高校生あたりから道をそれだして、卒業後もディスコにサーフィンにナンパと遊びに精を出したツケが回って2浪。俺はこんなはずじゃない、とにかく自分を立て直さなきゃいけないという思いだけが強くてね。そんなある日、ぼーっとテレビを見ていたら藤波vs.長州の試合がやっていて、引き込まれるうちに直感で「プロレスラーという道もあるのか」と。

子どもの頃から漠然とスポーツで飯を食いたいと思っていたこと、父親の赴任先である米国・シアトルで生まれたから一度は生まれ故郷を見たい、だから海外に行く仕事もしてみたいという願望もあったこと。プロレスはそういう要素をすべて満たしているように思えたんだ。いわゆる青年期のモラトリアムでやりたいことも夢もない、心にぽっかり穴が空いたような時期だったけど、俺の親父が休日もゴルフだ接待だとモーレツ社員そのものだったから、会社員にだけは絶対にならないと決めていた。直感で決めたこの道は果たして正しかったか否か。答えが出るのは最後の最後かもしれないね。

Q27

人一倍努力したことがあれば
教えてください

Answer

プロレスについて必死に考えた

デビューからしばらくは何も考えていなかった。最初の5年間は周りについていくので精いっぱいだし、そこから5年くらいは〝意外とついていけてる自分〟に甘えちゃったところも正直あったからね。キャリア10年目の1994年、3度目のG1制覇のときに俺は〝反体制〟をアピールしたんだけど、正確にいえばそのときもまだ深くは考えていなくて、「チャンスを待っていたら俺は一生このままだな」という思いに突き動かされて前に出たにすぎない。周りから何がやりたいの？　と聞かれても「わかんねえ」という状態だったよ。それでも、自分で自分のケツをたたくようにして一歩踏み出したことで覚悟が決まり、闘魂三銃士の殻を破って独自のカラーを打ち出す戦略を必死に考え始めたんだ。

人は崖っぷちに追い込まれると頭がぐるぐる回りだす生き物だと俺はこの経験で学んだ。教室の中で「あれやりたい、これやりたい」と椅子に座ったままワーワー騒いでいるだけのガキが、やっと自分から手をあげて意見を言える子になり、意見を言うからには勉強しないと……とプロレスについて考えるようになったわけだ。

Q28

今となっては笑える
失敗談などがあれば
教えてください

Answer

試合中記憶が飛んで、気づいたらタクシーの中だった

デビュー5年目の1989年4月、新日本プロレス初の東京ドーム大会というビッグマッチ中のビッグマッチでの事件だ。俺は凱旋帰国してIWGPチャンピオンシップのトーナメントに参加した。対戦相手はビッグバン・ベイダー。彼とはヨーロッパ遠征でも一緒で、現地ではトップをとるほど実力は十分だった。だが決して勝てない相手じゃない。「死ぬ気でやればいける」と踏んだ俺は、とにかくテンションを上げまくってリングインしたのだが、あまりにアドレナリンが出まくりすぎてなんと意識が飛んでしまった。

われに返ったのは帰りのタクシーの中。試合からタクシーに乗るまでの3時間の記憶がまったく飛んでいた。試合は5、6分で負けたようだが、もちろん覚えていない。よくパーティーなんかで急に「何か一言」と言われ、頭の中が真っ白になって変なことを言っちゃう人がいるが、まさに俺もその状態だったのだ。あの失敗以来、試合前はあまりアドレナリンを上げずにメンタルをコントロールするようにした。どんな失敗からも、学ぶべきことはあるもんだ。

Q29

プロレスを辞めたいと
思ったことはありますか？
それをどのように
乗り越えましたか？

Answer

ギブアップ寸前までいったことはある

プロレスを辞めようと思ったことはない。親の反対を押しきって進んだ道だし地元の仲間たちも「蝶野が猪木に挑戦するらしい」なんてめちゃくちゃ期待されていたから、辞めるに辞められなかった。でも首をはじめとするけがの連続で、「もうできなくなるんじゃないか」と諦めかけたことはあったね。

そういえばデビュー3年目の1987年、海外武者修行でドイツから米国・カンザスシティーに転戦したときは「これはいくら何でも無理だ！」とギブアップしそうになった。カンザス地区で4カ月も試合をしたのに会場は閑古鳥が鳴く状態でギャラがまったく支払われなかったんだ。切り崩していた貯金も底をついたけど新日本プロレスに「困っているから送金してほしい」なんて泣き言は言っちゃいけないんだろうと思って必死に耐えたし、仕事を変えようかなと本気で考えたりもした。でも、あとで聞いたら橋本選手は海外武者修行中、新日本プロレスに毎週のように泣きついて金を借りていたそうだ（苦笑）。まあ、俺の場合は妻のマルティーナがつらい期間を支えてくれて、どうにか乗りきれたんだけどね。だからカミさんには今も頭が上がらないよ。

Q30

定年後の生活で
自分のプライドが
どうしても捨てきれず、
周囲とのコミュニケーションが
なかなかとれません

Answer

自分をさらけ出したほうがカッコいい

2021年の暮れに脊柱管狭窄症の手術をしたんだけど、人前でつえとか車いすを使うのはちょっと恥ずかしかった。その感情ってやっぱりプロレスラーとしてのプライドから来るものなんだよね。でも、あるイベントで一緒になった天龍源一郎さんの姿を見て考えが変わったんだよ。そのイベントはゴルフ場にリングが設置されていて、お客さんが見守る中をリングまで歩いていくという段取りだった。俺はちょっと見えを張ってつえ1本で歩いたんだけど、天龍さんは2本のつえで、しかもかなりスローペースだったんだ。

その姿を最初はお客さんたちも哀れむような、冷やかすような目で見ていたけど、天龍さんがあまりに一生懸命歩いているから、そのうち声援が飛ぶようになった。歩いているだけで観客をひきつけるなんてさすがは天龍さんだと感心したし、俺も変に人の目を意識せず自然体の今の姿を見てもらおうと思ったよ。天龍さんのように自分を飾らず何事も懸命にやっていれば、周りの人もきっと打ち解けてくれるし何かやるときには応援してくれるんじゃないかな。

Q31

人生の中での
ターニングポイントは
何だと思いますか？

Answer

やっぱりプロレス入門と結婚だ

Ｇ１制覇やヒールターン、フリー転向などプロレスラーとしての節目はいろいろあるが、やっぱり最大の人生の転機は20歳でプロレスの道に入ったことだ。それまでは本当に好き勝手をやってきて目標をもつ意欲すら失ってしまっていたんだ。でも、心のどこかで気持ちを入れ替えたいと思う自分がいて、あえて厳しい場所を選んだというのが正直な志望動機だ。これといった経験もなく勢いで入ってしまったが、飽きっぽい俺がまさかここまで一つのことに踏み込んで夢中になれるとは。俺にとってはヒールターン以上の人生のターンだったね。

もう一つの転機は結婚だ。海外武者修行の一番苦しい、悩んでいた時期に手を差しのべてくれたのがマルティーナだったから、自分にできることは絶対に最後まで面倒をみることだと決めていた。まあ、当時は日本につきあっていた彼女もいたんだけど（笑）、マルティーナがパートナーだったからこそ白から黒の変身やアパレルの起業という行動も起こすことができた。文句は毎日言われるけど（苦笑）、やっぱり俺の人生を変えてくれたかけがえのない相棒だね。

第3章

蝶野正洋の60代、70代

⚜前田日明さんと意見の一致をみた〝10年一区切り〟説

ここ数年、前田日明さんとメディアやお互いのYouTubeチャンネルなどでお話をさせてもらう機会が何回かあった。

新日本プロレスでは7年先輩にあたる前田さんはプロレスラーを目指していた20歳の俺にとって、もちろん憧れの存在だった。

まだ入門テストを受ける前、地元の友達と新日本プロレスの道場をドライブがてら見に行ったとき、たまたま道場近くの電話ボックスで前田さんが電話をしていた。前田さんは190センチオーバーだから電話ボックスからはみ出している。その佇まいがいかにもプロレスラーという感じで、「前田日明、やっぱカッケー……」と俺は感心してしまった。

その前田さんと時を経て対談させてもらっているのも感慨深いが、対談の中で前田さんがこんなことを言っていた。

「プロレスは、リングの上で自信をもっていろんなことをコントロールしながら試合ができるまで、何だかんだ言って10年かかるね。自分もキャリア10年になるまではドギマギしながら試合をしていた」

だとするとドン・中矢・ニールセンとの異種格闘技戦（1986年）で〝新格闘王〟と呼ばれたときも、第2次UWFを立ち上げたときも、まだ探り探り闘っていたということになる。

実は、俺も前田さんとまったく同意見だ。

一人前のプロレスラーになるにはやっぱり10年くらいは必要だと思っているし、自分のキャリアや人生に関してはほぼ10年単位で考えてきた。

20歳で入門してからの10年は本当の意味で〝プロ〟と名乗るまでの土台づくりの期間。ジャンプする前にぐっとしゃがんで力をためるような時期だ。

次の10年は自分の頭で考え自己プロデュース力を磨く熟成期。30歳でヒールターンしたり、38歳で行きがかり上とはいえ現場監督を任され、団体を俯瞰で見つつ自分の価値をあげるやり方を探ったり。36歳でアパレルを起業したことも、今振り返ると〝ビジネスマン・蝶野正洋〟という新たなプロレスラー像を提示するいいきっかけとなった。

そして40代の10年間は会社や業界の中で発言力や存在感を高めつつ、44歳で大みそかにオンエアされていたテレビ番組『ダウンタウンのガキの使いやあらへんで！』（日本テレビ系）の「笑ってはいけないシリーズ」に初登場し、世間の認知度もあげていった。

そこからの50代、60代、70代というのは、模索しながらもつくりあげ磨いてきた自己プロデュース力で業界はもちろん日本全体に何かポジティブなエネルギーを発信していく、いわば伝承期といえるだろう。

⚜60代で酸欠、70代で窒息死？

10年の長期スパンで人生を考えていたとしても、当然だが不測の事態は起こる。特に俺の50代は不測だらけだった気がするね。

一番は腰の痛みで思うように動けなくなったこと。

もう一つは、新型コロナウイルス禍だろう。

俺がこれまでを振り返って『自叙伝 蝶野正洋 I am CHONO』を出したのは２０２０年だったけど、まさかその段階で新型コロナウイルスが世界中に蔓延するなんてこれっぽっちも思わなかった。コロナ禍で日々の暮らしや人生が変わったのは俺だけじゃないだろう。

不測の事態に陥ったときにメゲずに前を向いていく俺なりのコツや工夫については後述するとして、とにかくままならない人生にいちいち翻弄されないためにも、人生を10年スパンくらいでみておいたほうが心に余裕ができるし、他人と比べて焦ったりビクビクしながら毎日を過ごすこともなくなると思う。

不測の50代を何とか乗り越え、俺もいよいよ60代に突入する。

まだそこまで実感があるわけじゃないけど、50代と60代では全然違うんだろうということは想像に難くない。60代ってきっと、まだまだ先に見えていたものがぐっと下がってくるような気持ちがするんだと思う。「先に見えていたもの」とはもちろん人生のゴール、つまりお迎えが来る時期ということだ。

今まで俺の命は青天井だと思ってきたけど、そんな根拠のない自信をもてるのはせいぜい50代まで。60代になると天井がぐっと下がって、年々息苦しくなっていくんじゃないかな。

70代、80代になるとその天井がさらに下がって、みんな窒息死だね（笑）。

そうしたらいやでも一日、一日を大事にしようと思うよ。アイツが嫌いだとかコイツが死んでくれればいいとか、そんなくだらないことを言ってるヒマはない。とにかく酸素がなくなるんだからね。

それを全然わかっていなくて、誰かの悪口ばっかり言ってる諸先輩方がプロレス界には多すぎるんだよ！　でも、酸欠で口をパクパクさせながらも悪口でむしろイキイキしている先輩たちのしぶとい生命力だけは見習いたいけどね。

⚜俺が同窓会をおすすめしないわけ

俺は今年（２０２３年）の9月17日で節目の60歳を迎える。

芸能界でも同級生で活躍されている人が実はたくさんいて、5月にはダウンタウンの浜田雅功さんが還暦を迎えた記念にテレビ番組『ダウンタウンＤＸ』（日本テレビ系）にダウンタウンと同級生の芸能人がスタジオに集結、俺も出演させてもらった。

集まったのは市川右團次さん、勝村政信さん、香西かおりさん、出川哲朗さん、福澤朗さん、南果歩さん、ＲＯＬＬＹさんという個性的すぎる面々。

メンバーを見て俺はボケ担当かな？　どこでボケてやろうかな、なんて考えていたけど、いざ収録が始まると全員がボケ全開（笑）。みんなとにかく話が長いし、オチがなくても最後まで話しきるんだよ。そういうふてぶてしさも60年で身についたものなんだろうね。

実は地元の同級生たちともたまに同窓会を開こうという話が持ち上がって幹事役を頼まれたりすることもあるんだけど、個人的にはあまり気が進まないんだよな。

来られないメンバーの中にはもしかしたら体を壊しているヤツがいるかもしれないし、家計や経営が苦しく同窓会どころじゃないというヤツもいるかもしれない。

それじゃあ集まれるヤツらだけで和気あいあいやれるかというと、表面上はそう見えてもそれこそ自分の社会での肩書をひけらかして見えを張りあったり、学生時代に威勢よくやっていたヤツがちょっとくたびれていたりするのを見て優越感にひたったり。女性同士も私のほうが若いとか痩せているとかダンナの稼ぎがいいとかでマウントをとりあったり。何だかあんまり楽しくなさそうなんだよな。

まあ、今の60歳は以前と違って現役感が強いし、人生に対してもまだ余裕がないのかもしれないね。

昔はサラリーマンにとって還暦がひとつのゴールで、そこから先は〝余生〟だったから同窓会で昔を懐かしむ余裕もあった。逆にいえば、それくらいしか老後の楽しみがなかったのかもしれない。

でも今は違う。何か新しいことを始めたり、会社の役職ではない新たな肩書づくりに向けて改めてスタートを切る年齢だよ。

⚜シニア世代が見習いたい長州力さんの遊びごころ

考えたら『ダウンタウンＤＸ』でご一緒させてもらった勝村政信さんは根っからのサッカー大好き人間だし、福澤朗さんも卓球愛にあふれているんだよね。そして本来趣味だったことがサッカー番組や卓球中継のＭＣという仕事につながっている。この年で〝好き〟と〝仕事〟がシンクロするのって、これほど楽しいことはないんだよ。

いつまでも現役を保つには、やっぱり好きなことをやって共通の趣味や、やりたいことをもっている人と新しい接点をもっていくことが大事なんじゃないかな。人前に出なくなると自分の世界に入ってどんどん老け込んじゃうからね。

ただ還暦にもなってくると、新しいことを始めるエネルギーがなかなか湧いてこないという場合もある。

「これまで仕事しかしてこなかったから、今さら好きなことなんて見つからない」
「今まで何かやろうと思ってもできなかったから、自分が今から何かできるとは思えない」

そういう人はきっと根が真面目で、趣味も仕事と同じように真剣に取り組まないといけない、やり始めたら途中で投げ出したらいけないと思っているんじゃないかな。でも全然そんなことはない。趣味なんて楽しけりゃ続ければいいし、楽しくなけりゃさっさとやめて次のものを探せばいい。その程度のものなんだよ。

いい例が長州力さんだ。

長州さんは50歳過ぎてからWJプロレスという団体を起こしたけど、人間関係やお金の面でもいろいろトラブって大変だったらしい。とにかく自分でそれを清算することだけを目標にやってきて、ようやくすべて片づいた。さあ、やっと余生が送れるぞと安心したところでヒマつぶしのように始めたツイッター（現・X）がまさかの大バズり。今では立派なＹｏｕＴｕｂｅｒ、インフルエンサーになっている。この状況に一番驚いているのはほかならぬ長州さん本人だろう。

もし食いぶちを稼ぐために始めたＳＮＳだったら、ひょっとしたらあそこまでバズっていなかったかもしれない。大変だった時期ははたから見ていても必死で余裕がないように見えていたからね。

肩の力が抜けて、遊び感覚でやりだしたからこそ見ている人もちょっと面白い、ちょっとハッピーになれるという感じで好感度があがっていったんだろう。だって、普通に見て誰があんなゴツいだけのジジイの妄言や動画を面白がる？　長州さんには悪いけどさ。

でも俺よりワルは武藤さんだよ。

「長州さんのＳＮＳ人気もあと1、2年は続きそうだから、その間は俺も乗っからせてもらうよ」なんてアコギなことを言ってるんだから（笑）。

とにかく肩書がとれた後半生は踏みっぱなしのアクセルをゆるめて、遊びごころをもっていろいろなことにトライするほうが自分もラクだし周囲も安心して見守ってくれるはずだし、それが予期せぬビジネスチャンスにつながっていく可能性だってあるかもしれないよ。

⚜70歳でもやっぱり〝超人〟ハルク・ホーガン

60代になると自分の人生がある程度決まってきて、住む場所、過ごす人、やるべきこと……あらゆることが固定化された気がしてくる人も多い。

それが「ここまでたどり着いた」という満足感や充足感とともにあるならいいが、「こんなはずじゃなかった」とか「俺もここ止まりか」なんて諦めや後悔ばかりだったら、やっぱり自分の人生ちょっと残念だよね。

俺にだって人生の閉塞感に胸が苦しくなる瞬間がないわけじゃない。

それでもとりあえず前に進んでみようと思えるのは、先輩レスラーの生き方に刺激を受けたり勇気をもらったりしているからかもしれない。

俺を鼓舞してくれる先輩レスラーの一人がほかでもないハルク・ホーガンだ。

ホーガンは1953年生まれだから10歳年上だが、俺が新日本プロレスに入門したときはすでにトップレスラーで、その後俺が30歳でヒールターンした頃もWWF（現・WWE）で正真正銘のスーパースターだった。

ホーガンと俺が海を越えて共闘できたのは、互いのコンセプトに共鳴しあうものがあったから。

そのコンセプトは一言でいうと「反体制」だが、ベビーフェイスに敵対するというこれまでのヒール像を覆し、団体のフロント陣に対して反旗を翻したところが、当時はものすごく新鮮だった。

レスラーが体制側の言いなりになっているだけではプロレスがどんどんつまらなくなり業界全体もおかしな方向へ進んでいく。俺が訴えたその危機感をホーガンも感じていたのだ。たとえは古いが「事件は会議室で起きてるんじゃない！　現場で起きているんだ！」というね。

現場組と背広組、労働者と経営陣という対立はプロレスに限らず、どんなビジネスでも共通であり、また世界共通の対立構造でもある。だからこそｎＷｏは単なるプロレスのユニットという枠を超えたイデオロギーやカルチャー、ムーブメントとして全世界に爆発的に広まったのだろう。

手前みそになるが黒ずくめのコスチュームとかＴシャツは、あの天山広吉とかヒロ斎藤さんでさえカッコいいと錯覚させるほどスタイリッシュだったしね（笑）。

それにしても、感心すべきはホーガンの自己プロデュース力だよ。

世界中のファンから支持される究極のベビーフェイスが、とんでもないイメチェンを図るのはさぞや勇気がいったことだろう。

でも、結果的にあそこまでの激変があったからこそ、ファンに飽きられることなくホーガン人気をキープできたんだろう。40歳といえばプロレスラーとしての全盛期は過ぎてしまっていてもおかしくないのに、自己プロデュースによって全盛期よりグレードアップ、バージョンアップしたホーガンを見せることに成功したんだからね。

ホーガンの自己プロデュースですごいのは、リングに執着しすぎずいくら大きいオファーでも先を見据えて「誰得」、つまりそのオファーを受けて誰が得をするのかを見極めていたことだ。

自分にとってもファンにとっても〝ここぞ〟というタイミングで、ファンの期待の斜め上をいくような自分を見せてきたからこそ、長年にわたってある程度コンディションを温存しつつ「ハルク・ホーガン」という名前そのものを自分の肩書として輝かせ続けられたのだと思う。

驚くのはここからだ。

60代に突入してもお騒がせを含めてギラギラし続けているホーガンは、2020年に

ｎＷｏとしてＷＷＥ殿堂入りを果たすと70歳になる今もＳＮＳで〝超人〟の肩書を裏切らない肉体を披露している。そして２０２４年４月、ＷＷＥ最大の祭典『レッスルマニア』で引退試合を行うという構想も最近になって告白したというんだから恐れ入る。

ホーガンも歴戦の勲章である古傷のリハビリを続けているが、「プロレスで自分が学んだのは〝ＮＥＶＥＲ〟と言わないことだ」と言っていたそうだ。

俺の辞書に「ネバー＝絶対無理」という言葉はない。

この言葉だけでも勇気をもらえるし、俺も負けられないと背筋が伸びる思いだよ。脊椎管狭窄症で３センチぐらい縮んでいた身長も、ホーガンのおかげで少し伸びたかもな（笑）。

⚜恐竜の脚にみる藤波辰爾さんの〝現役プライド〟

おおいに気を吐く大先輩でもう一人、忘れちゃいけないのが藤波辰爾さんだ。

猪木さんに次ぐ日本人２人目のＷＷＥ殿堂入りを果たしたレジェンド中のレジェンドは、ホーガンと同じ１９５３年生まれ。俺の10年先輩にしていまだ現役というのは本当にすごいことだよ。

２０２２年12月には「デビュー50周年記念試合」で新日本プロレスの〝エース〟棚橋弘至選手とシングルマッチを闘った。

そのとき藤波さんは68歳。棚橋選手は44歳。

年齢でいったら親子対決だが、藤波さんの仕上がり具合には感心した。だって太ももが恐竜みたいに太いんだよ。

人間の筋肉が40代ぐらいから徐々に減っていくのはよく知られた話で、60代になるとピークのときと比べて7割くらいまで減ってしまうのが一般的だ。しかも、脚や尻は人間の筋肉の中で一番大きいから、それだけ筋肉量や筋力が減っていく割合も大きいんだよ。

あのアントニオ猪木さん、ジャイアント馬場さんでさえ50代前後から脚が細くなってきて全身のシルエットが変わってきた。それくらい脚の筋肉をキープするのは大変なんだ。

そう考えると藤波さんのあの恐竜の太ももを見ただけでも、日頃からどれだけキツいトレーニングを積んでいるかがわかる。

今すぐ藤波さんの爪のあかをいただいて、試合に最低限必要な練習しかしていなかった若かりし頃の俺の口に押し込みたいぐらいだよ。

棚橋選手との12分近い激闘を、俺も近くで観戦させてもらった。藤波vs.棚橋戦、それから2023年3月の武藤敬司vs.内藤哲也戦という2つの新旧対決はどちらもすごく見応えがあった。ただ、俺からしたら棚橋、内藤両選手はもっとできたんじゃないかなとも思うんだよね。

2人ともイマイチ気が利かないというか、自分を見せることに比重が行き過ぎていた。相手のよさをもっと引き出せれば、光らせた自分もさらに光るはずだ。

藤波さんが猪木さんと60分フルタイムの死闘を演じた1988年8月のIWGPヘビー級戦はあまりに有名だが、あのときの藤波さんは猪木さんのペースにもあえて乗って丁々発止の駆け引きをやっていた気がする。

このときの心境をYouTubeの対談の際に聞いたら、藤波さんは猪木さんの状態のよさに「気を使っている場合じゃない」と焦って必死だったそうだ。

俺はまだ闘魂三銃士を結成したばかりだったけど、2人の戦いを目の当たりにして「これは三銃士なんて歯も立たないな」と。それくらいの激闘だった。

師弟対決ということでついこの一戦を思い出してしまったけど、考えたら当時の藤波さんが34歳だったのに対して猪木さんも45歳とまだまだバリバリに闘える年代だった。

それに比べたら棚橋選手や内藤選手はおじいちゃんと闘っている孫のような感じで、「とりあえず自分が暴れないと試合が成立しない」と思ったのかもしれないね（笑）。まあ、もしそうだとしても、いろいろやりようはあるんだけどね。そこがプロレスの深いところなんだよ。

⚜藤波さんに聞いた70歳究極の夢

藤波さんはこの猪木戦の翌年、1989年6月のビッグバン・ベイダー戦で腰を負傷し1年以上もの長期欠場を強いられた。それから腰痛との長い闘いが続き、2015年には椎間板ヘルニアの手術にも踏みきっている。

俺が2021年に脊柱管狭窄症の内視鏡手術を受けたときも、退院の2日後だったかに連絡をくれて「絶対治るから心配するな」と励ましてくれた。藤波さんはたしか手術して1カ月後にはリングに立っていたから、プロレスでも手術経験者としても頼もしい先輩のその言葉には本当に勇気づけられた。

藤波さんとはいわば〝腰痛仲間〟。一緒にＹｏｕＴｕｂｅで〝腰痛チャンネル〟やりましょうと持ちかけたら「いいね！」と乗ってくれた。

アルコール依存症の人たちが集まって悩みを打ち明けたり、改善に向けての情報を共有する自助グループがあるよね。腰痛も本当につらくて、俺は手術前に痛みで寝られず精神を病みかけたし、藤波さんに至っては自殺も考えたほどだったそうだ。

俺や藤波さんの経験で少しでも役に立つことだったり、つらさを共感してラクになったりするのであれば、冗談で出したアイデアだけど腰痛チャンネルも悪くないね。何せプロレス界には天龍源一郎さん、木村健吾さん、田上明さん……出演者に事欠かないからね（笑）。

話はそれたが、その藤波さんの今の目標は「もう一度ドロップキックを飛ぶこと」だそうだ。

現役でいる間に必ず実現させたいと。

プロレス界以外でも、見渡せば80代のボディビルダーや90代のフィットネスインストラクター、１００歳の短距離ランナーなどその都度、その都度の目標をもって自分の記録や限界に挑戦している人はたくさんいる。

ドロップキックだって簡単そうな技に見えて、実は飛び方も着地も難しいんだ。そのドロップキックに、藤波さんは古希にして挑戦したいのだという。とにかく、藤波さんは人生で常に目標をもっているからこそ老けないんだろうし、プロレスはもちろん人生の先輩としても見習いたいよ。

⚜アントニオ猪木さんの最期について思うこと

猪木さんは77歳にしてYouTubeチャンネルを始めて、生前の元気な姿から過酷な闘病生活まで隠さず公開していた。

リハビリ中の姿が痛々しく見えて正直、俺はあまり見ていなかった。それでも話題の動画としてあがってくることも多かったから目にする機会もあった。やっぱりパジャマ姿で髪も乱れた状態の猪木さんを見るのは、俺にとってはつらかったよな。

猪木さんは人前に出るときに、誰よりも見た目に気を使う人だった。

俺が付き人をしていた時代も猪木さん専用のブラシと手鏡は必需品だった。急にファンや関係者と記念撮影することになったときは俺が手鏡を持ち、猪木さんが鏡を見ながら髪をとかすんだ。

歴代の付き人はみんな、撮影前のこの〝儀式〟を経験しているんじゃないかな。とにかく髪の毛がボサボサのままでは決して写真を撮ったりしないし、人にも会わないというくらい徹底していた。

そんな猪木さんがYouTubeでは寝起き姿みたいな感じで撮られていた動画もあった。すべてをさらけ出す姿に感動する人も多かったと思うけど、猪木さんの身だしなみに対するこだわりに接していた俺はつい「これは猪木さんがやろうと思っていることじゃないよな」と思ってしまった。

猪木さんはプロフェッショナルだから、どんな行動も「見せる」ということをある程度は前提としていたはずだけど、その覚悟のないときの姿まで見せる、いや見られるのは猪木さんにとってプロレスラーとしての本望ではなかったと思う。

だから、もう少し周りが本来の猪木さんの気持ちをくんで最低限の身だしなみをしてあげりゃいいのにってね。

でも、これはあくまで俺の勝手な意見で、「自分なら猪木さんにこうあってほしい、もっとこうしたらいいのに」という理想の猪木さん像は、きっと見た人それぞれ違っていたはずだ。何しろファンはもちろんレスラーたちもスポンサー筋もみんな猪木さんのことが大好きで、自分こそが猪木さんのことを一番知っている、よくわかっていると思っているからね。猪木さんを巡るさまざまな事件やもめ事も、本をただせば〝猪木のとりあい〟ということも多かったんじゃないかな。

みんなにジェラシーを抱かせる猪木さんは本当に罪な人だが、それこそが不世出のカリスマたるゆえんなんだろうね。

俺もＹｏｕＴｕｂｅをやっているけど、たとえば脊柱管狭窄症の手術からの回復過程をすべて公開するかというと、そこは考えてしまうんだよね。

この病気は本当にたくさんの人が悩んでいるから、公開するとしたら俺としてはしっかり回復していく過程を見せていきたい。

回復への光が何も見えないまま車いす姿をいきなり見せたら「手術なんてしないほうがいいんだな」と思う人も出てくるかもしれないしね。だからこそ自分の中でこれだと思うリハビリや治療法を見つけて、こんな方法もあるよという提示につなげていければと思っている。

プロレスラーとしての後半生の送り方。

プロフェッショナルとしての自分の見せ方、見られ方。

そして、人生の最期の迎え方とケリのつけ方。

すべてのヒントは猪木さんの晩年の生き方にある。サイドビジネスはほどほどにしないと大やけどするという反面教師的な教訓を含め、猪木さんから学ぶことはまだまだたくさんあるのだ。

⚜この時代に経験は武器となるか

ここ10年ほどのＩＴ化により、社会がそっくり入れ替わったような気がしている。

パソコンが爆発的に普及した30年くらい前はその波に乗れていた60代、70代も、日常がしだいにデジタル化されるとその変化についていけなくなってくる人も増えてきた。

日常生活の中でも、何か欲しいものがあっても実店舗が減ってネットショッピングを余儀なくされたり、買い物に行ったらキャッシュレスが進んで「現金は使えません」なんて言われたり。いざ支払おうとすると「セルフレジでお願いします」。自分でバーコードをかざしてピッピッとやらないといけない。後ろに人が並んでいると焦って頭の中が真っ白になったりね。それで買い物恐怖症になっている高齢者は本当に多いんだよ。

ＩＴ化に加えて「ＡＩが人の仕事の大半にとってかわる」なんて言われだした。

こうなると必然的に新しい世代が重宝されて、古い世代がどうしても排除される方向に向かってしまう。先ほどのセルフレジじゃないが、事務仕事にしても手書きで帳簿をつけていた時代からキーボード入力、さらにバーコードひとつで入力完了という処理システムになりつつある。

ただ手書き世代が完全なお荷物かというと、決してそうではないと思う。

これは俺の経営しているアパレルの会社で実際に起こった話だけど、あるとき経理を担当しているベテラン社員が緊急入院してしまった。その人のパソコンはパスワードがわからないから開けない。そこで手作業で取引先の情報を入力し、顧客登録を銀行にお願いすることにしたんだ。

最初は「紙の顧客情報はチェックができないから受けつけられない」と銀行側に断られてしまったんだけど、緊急事態だからと無理をいって何とか引き受けてもらった。

よく聞いてみると、銀行のチェック担当者は俺より1歳下の人だった。

その彼より年下の上司が言うには「いまウチでこれができるのは彼しかいないんです」。手入力世代は文字や数字のミスを見つけるのが早い。今回はその能力を存分に発揮して、わが社の救世主になってくれたわけだ。実際、確認作業をしているときの彼はすごく生き生きしていたよ。

時代がどんどん先に進んでも、培った経験が周囲や世間の役に立つという場面は必ずある。少なくとも俺はそう思っている。

プロレスでいえばコーチの仕事がそれにあたる。

キャリアを積んで、ある程度の選手になったら毎試合コーチがつく必要はないけど、ポイント、ポイントで必要なときがある。

たとえば、若手のホープがビッグマッチで初めてメインイベントを任されたとき。大箱で数万人のお客さんを満足させなければならないのは大前提だけど、キャリアではるかに上回る諸先輩方を前座に従えてのメインイベンターだけに先輩たち以上に沸かせる試合も求められている。俺にも経験があるけど、そのプレッシャーは想像を絶するものがあるんだよ。

そういう大事な試合の直前に、もしけがをしてしまったら？　けがを押しきって試合に出たとして、どこまで無理を通すべきなのか。ある段階で自分にストップをかけるべきなのか。

こうした正念場やアクシデントの際に一方向だけではない多面的な見方でアドバイスができるのは、やっぱり同じような修羅場をくぐってきた人なんだよね。

たとえば、けがで満足に動けないなら相手をリングから落として場外乱闘に持ちこむとか、意外な選手を乱入させて相手もファンも想像できないような新たなストーリーをつくっていくとか。

ただでさえ緊張しまくっているうえに、けがというアクシデントで茫然自失状態。そんなときにそばでいろいろアイデアを提案してくれたり、アドバイスしてくれたりする人がいると、現場の選手たちは本当に心強いんだよ。

ただ会社の中でも〝背広組〟と呼ばれる事務方の人たちはベテラン勢の豊富な経験に裏打ちされた知恵を過小評価して、追いたてるように現場を去らせようとしがちだ。人生100年時代、そして未曽有の少子化&人口減少時代に突入した今、企業は改めて「人材＝人財」ととらえてその年代、その個人の能力を生かしていくべきだと思うよ。

⚜カッコいい年のとり方をするためのベストチョイス

俺が最後に試合をしたのは2014年4月。その後もイベントやトークショーなどではリングに上がっているが、リングで闘う〝プロレスラー蝶野正洋〟を知っているのはギリギリ40代半ばくらいまでじゃないか。

20代、30代の人たちは俺を知っていたとしても、大みそかに放送されていたテレビ番組『ダウンタウンのガキの使いやあらへんで！』（日本テレビ系）の「笑ってはいけないシリーズ」の〝ビンタおじさん〟だよね。そのビンタにしろ、最近ではテレビの放送倫理上の問題で披露するのが難しくなっている。まあ、そもそもビンタが得意技でも何でもない俺にとってはそれでよかったというか。嫌がる相手を押さえつけて罰を与えるなんて、俺は全然楽しくないんだよ（笑）。

そうやって自分の肩書を一つ一つ手放しながら、還暦以降の人生をどう生きていくか？

俺の中ではとっくに答えは出ている。

とにかくカッコいい年のとり方をする。それだけだ。

だとしたら、やっぱり金を持っていないとカッコ悪いよな。ある程度金を持ったうえで余裕をもって社会貢献活動をする。それが俺の理想だけど、もし金がなくても社会貢献くらいはちゃんと続けていけるような人間でありたい。

これを読んでいる人の中には「人生後半戦に人助けに関わるのもいいな」と思っているかもしれないので、参考として俺自身が社会貢献活動を始めた経緯を書き添えておきたい。

もし興味がない人は、この先興味が出たときにこの部分を読んだらいい。

俺が救命救急の啓発活動などを目的に「一般社団法人ニューワールドアワーズ（NWH）スポーツ救命協会」を設立したのは2014年7月。ちょうどプロレスラーとして第一線から退いた直後で50歳のときだ。

きっかけは2005年に同期の橋本真也選手が病気で、2009年にノアの三沢光晴選手がリング上の事故で亡くなったことが大きい。

選手が試合中に不測の事態に陥ったとき、救急車が到着するまでには〝空白の時間〟があり、そこでの対処が生命を大きく左右する。そのことを痛感した俺は知り合いのアスリートたちにも呼びかけて2010年にAED（自動体外式除細動器）の使い方などを習う普通救命講習を受講した。

この当時、ＡＥＤは全国に10万台くらい普及していたんだけど、使える人が少ないという現状があったんだよね。だから受講者を増やすことが三沢選手の死を無駄にしないことにもつながるんじゃないかと思って、啓発活動に全面的に協力させてもらうことにしたんだ。

２０１１年に東日本大震災が発生した。

この震災を機に新たに始めたのが消防団の普及・啓発活動だ。

「消防団」といってても関係者が周りにいない人にはぴんとこないかもしれないけど、実は火災や震災などの有事のときにその地域に密着しているからこそきめ細かい消防活動ができる、地域防災のリーダー的存在の人たちだ。

東日本大震災の翌年の調査によれば、この震災では実に２５４名もの消防団員が亡くなり、当時はまだ行方不明者もいた。その話を聞いたとき、なぜそんなにたくさんの消防団員が……と俺は本当にショックを受けたんだ。

そこから「蝶野さん、消防団の応援団をやってくれませんか」という話につながっていったんだよ。

⚜日本が、世界があなたの支援と優しさを待っている

地域防災の助け合いには「自助、共助、公助」とあるけど、国にやってもらう公助は質量が限られているし、駆けつけてくれるまでのタイムラグもある。だから大きな災害のときは、地方に行けば行くほど地元の消防団員がメインで現場に駆けつけることになる。

東日本大震災では「高いところに避難してください」という避難警報から15分、20分でみんな避難した。でも消防団員が点呼をしてみると何人かがいない。それで急いで助けにいった消防団員の多くが、残念ながら命を落としてしまっている。

いくら日頃訓練している消防団員とはいえ、10分、20分で救助することは難しい。有事のときは一人一人が自発的に避難しないと助かる命も助からない。それが地域防災の基本なんだよね。

国や自治体からの助け（公助）の前に地域やお隣さんと助け合う（共助）。でも、それより何より自分の身は自分で守ろう（自助）。

そのことを一人でも多くの人に伝えたいと俺は思っている。

実は三沢選手がリング上の事故で亡くなったあと、本当はプロレスラーの事故防止を目的とした健康管理団体を山本小鉄さんとつくろうとしていたんだ。でも、そのさなかの2010年8月に小鉄さんが亡くなってしまった。

また「選手の健康管理をしてしまうとウチは出られる選手がいなくなる」という団体からの声もあった。

けがを押して試合に出場していた自分のキャリアを考えても、たしかにそのとおりかもしれない。それに当時は俺自身が新日本プロレスからフリーとして独立したり長期休養でリングから離れていたりとプロレス界からちょっと離れていたこともあったから、自分からこの業界にアクションを起こす立場ではないとも感じていた。

じゃあ俺ができる範囲で何か人の命を守れること、死亡事故を未然に防げることはないかと考え、今の活動につながっていったんだ。

亡くなった猪木さんも、人助けとか地球を守るということに対して本当に熱心に動いていたよね。震災時の慰問もそうだし、パラオのサンゴ礁の再生とか大みそかの炊き出し、バイオ燃料に水プラズマ……発想のダイナミズムとスケール感で猪木さんにかなう人はやっぱりいない。

そんな猪木さんの社会活動に俺はいつも感銘を受け勇気をもらってきた。そして少しでもその遺志を継いでいきたいと思い、国際支援社会活動にも取り組むことにした。

具体的には「ｍａａｒｕ」というプロジェクトのアンバサダーとして、世界に3億人いるといわれている非・不就学児、つまり何らかの理由で学校に通うことができない子どもたちに対して寄付などの支援を呼びかけ、子どもたちの教育環境の改善に協力していく。

地域防災の普及活動では「自助」の大切さを広く伝えたいという思いが原動力だが、こちらの国際支援は「世界には十分な教育を受けられない子どもたちがたくさんいる」ということを、まずはみんなに知ってもらいたいと強く思ったことが活動のきっかけとなった。

これをやってみたい、あれをぜひみんなに知ってほしいという自分の中から湧き出る欲求に対しては素直に反応すべきだ。だって、この年になるとそんな欲求や夢や希望なんてなかなか湧いてこなくなるんだから（笑）。

その欲求が世のため人のためになることなら余計に躊躇しちゃいけない。迷わず行けよ。行けばわかるさ。

思わず猪木さんの言葉をパクってしまったが、これからも社会貢献活動を通して『闘魂』とは何なのか、猪木さんの志を後世にどうつないでいくかを考えていきたいと思っている。

⚜朝マックと図書館以外に自分の居場所をつくれ

人生の後半で大小の別なく人助けをするのって、実は「自分を救う」ことでもあるんだよね。

人を助けるということはいやでも人と関わることになるから、まず孤独ではなくなる。人とコミュニケーションをとるのが苦手なオジさんたちでも、ちょっと人に手を貸すくらいはできるだろう。それで人から感謝されたら自分が社会の一員であることを再確認できる。これって生きていくうえで大切な糧になると俺は思っているんだ。

だって社会との接点が切れたとたんに認知症になる人もけっこう多いと聞くからね。たしかに、自分が誰からも必要とされていないと自覚することくらいむなしいことはないよ。

30年近く前の話になるが、1996年の年明けに新日本プロレスと契約更改したとき、俺は思い切って1年間フリーにさせてくれと会社に持ちかけた。nWoの一員として日米の両マットを主戦場にしたいと思ったからだ。

その前から会社への反体制を主張しヒールターンを成功させていた俺は、当然「新日本プロレスを離れてもらったら困る」と引き留められることを想定していた。ところが、会社からの回答は「わかりました。どうぞアメリカへ行ってきてください」。

俺は自分の存在があるからこそ新日本プロレス本隊の選手たちが輝けるんだと自負していたが、蝶野正洋は会社にはそこまで評価されていなかったのだ。もちろん契約更改によってアメリカで思う存分暴れられるという気持ちはあったものの、「これだけ頑張ってきたのに、俺は会社に求められていない存在なのだ」という腹立たしさとむなしさは正直ぬぐえなかった。

当時はまだ30歳そこそこだったからいいが、40代、50代で誰からも必要とされていないと自覚するのはやっぱりへこむよな。1週間、いや1カ月くらいはお忍びのバケーションで誰にも知られず、誰からも必要とされない場所で過ごすのも心身のリフレッシュにはいいと思う。でも、それが永遠に続くと思うと。

まるで孤独な子どもみたいだよね。

何もすることがなくて、とりあえず外に出てみたものの右も左もわからない。結局、頼れるのはお父さん、お母さんだけ。そうなったら外出も怖くなり、ひきこもることしかできない……。

そんな老後は絶対に嫌だと思っていても、気づけば朝マックでコーヒー1杯だけで何時間もねばっていたり、図書館で開館から閉館まで活字を追い続けたり、家の光熱費を抑えたいためにスポーツジムに居続けたりしているかもしれない。

それぞれひきこもらずになにがしかのアクションを起こしているからまだいいけれど、やっぱり誰かと会話したりコミュニケーションをとったりしていないと老いるスピードは加速する。

あの長州さんも、そろそろ朝マックデビューかもしれないね（笑）。

とにかく、社会との関わりを第二の人生でもちたいなら社会貢献がおすすめだ。俺の消防団活動や国際支援活動に協力してくれるのだって大歓迎だよ。

⚜昔の肩書は空気を読んで要領よく使い回せ

最近、消防団の普及・啓発活動の一環として女性のみで構成されている消防団を訪問してきたんだけど、思いがけずたくさんの刺激をもらったよ。

男性と同じく女性消防団員たちも日頃は会社員や主婦、子育て中のママさんなどの〝本業〟をもっている。でも彼女たちがすごいのは二足のわらじで終わりじゃなくて、消防以外にも介護ボランティアや地域活動の役職など二刀流ならぬ三刀流、四刀流で地域や社会に貢献しているということなんだよね。

なかにはご夫婦で活動されている人も多くて、仕事後や休日を活用して社会貢献活動をライフスタイルにうまく組み込んでいる。

みんな何となく生き生きしているし、また家庭も円満そうなんだよ。

最低限の生活ラインはキープしつつ趣味感覚で後半生にボランティア活動を取り入れる。超高齢社会は助け合いの精神なくして成り立たないから、今後は一層そういう人たちが増えていくのかもしれない。いや、ぜひ増えていってほしいね。

女性消防団の活動が清々しく見えたのは、そこに社会的なステータスが全然絡んでいないからだろう。

以前どこの会社でどんな肩書だったとか、個人資産がいくらとかじゃなくて、むしろどれだけ健康でアクティブに活動しているかがその人の存在感に直結している。

その意味では、俺たちって60歳を過ぎてどんどん学生時代に戻っていくのかもしれない。就職して社会に出ると、どうしても会社の世間的なランクとか肩書、収入で人間性まで格づけされるような風潮がある。でもボランティアや人助けの場ではみんなが対等だ。元気で仲間を巻き込むようなヤツが主導権を握るのは、まさに学生時代と同じだよね。


定年した男性の中には、地域の集まりとか趣味のサークルで「こういう者です」と定年前に使っていた名刺を出す人がいるそうだ。以前の肩書によほどプライドをもっているのか、それとも名刺に書かれた肩書以外に自分のアピールポイントがないのか。いずれにしろ、哀れみを感じてしまうような話だよね。

以前の名刺を出すのを１００パーセント否定はしないよ。でも、どうせ出すなら「こういう者です」にプラスアルファの自己アピールを入れたいところだよね。

たとえば建設関係に勤めていたなら「こういうところに長く勤めていたので自治会館

の修繕は任せてくださいね」とか、証券マンのようないかにも忙しそうなイメージの仕事に就いていたなら「とにかく麻雀でも町内清掃でも24時間戦えますよ」とか。

大事なのはやっぱり、誰が得をするかなんだよ。

一番誰も得しないのは「俺はこんなところに勤めていたんだ、だから偉いんだ、すごいんだ」と自慢するために名刺を使うこと。

だったら、「自分はこんなことができます、あんなことも知ってます」という自己アピールで使ったほうがいい。

でも、誰にとっても一番得なのは、「こういう肩書を経験しているからこんなふうにお役に立てます」と提案すること。そこまで言えて初めて「昔の名前で出ています」の効果が出る。

とはいえ、女性消防団員にだけは間違っても名刺を渡すべきじゃない。

「よく燃えそうね。そんなことよりホースのこっち持って」と完全スルーされちゃうだろうからね。

⚜真の意味で「人の痛みがわかる人間」になった

俺より長く生きていた先輩たちに、俺はおおいに文句がある。「人生で一番大切なのは健康だから早いうちからケアを怠るな」となぜ声を大にして、口を酸っぱくして俺に言ってくれなかったんだと。

まあ、20代や30代にそんなことを言われても当時の俺は「何言ってんだこのクソジジイ、おまえと俺じゃ体のできが違うんだよ」とまったく意に介さなかったはずだけどな。

失って初めてその大切さがわかることの第1位が何といっても「健康」だ。ちなみに第2位は武藤さんにとっての髪の毛だけどそれは横において、とにかく健康ほど人生の前半戦で軽視され犠牲にされるものはない。そして、その代償は自分が思っている以上にとても大きいのだ。

俺の場合、ここ数年は脊柱管狭窄症による腰の痛みとの闘いを余儀なくされた。痛み止めの薬はまるで効かず、激痛で眠れない状態が半年以上も続いた。最初はつえをつきたくなかったけど仕方なくつき始めて、しばらくしたらそのつえも1本から2本になり、空港など移動距離が長いところは2本づえでも追いつかず車いすになり……結局、激痛と生活の不便さに耐えられず手術に踏みきった。

手術後は左脚がしびれてまひもまだ少しある。脊柱管を削る際にどうしても神経を圧迫したりするので後遺症が出るんだよ。

だけど、死にそうなあの痛みがなくなったことだけでも実は素直にうれしいんだ。痛みって人に伝わりづらいのが本当にもどかしいけれど、痛みに悩まされる24時間と痛みから解放される24時間は、うそ偽りなく地獄と天国くらいの差がある。

恥ずかしい話、手術する前は風呂の椅子にだって座ってられないんだよ。左脚の鼠径部、つまり脚のつけ根が痛くて左足を床につけられないから、片足ケンケンでシャワーを浴びていたしね。

「唯一、動いている右足まで壊れてしまったら……」

その恐怖感は尋常ではなかった。

手術後の一時期、左脚がまったく動かなかったときは、歩行器を使ったり、お風呂でも高齢者が座るような腰かけ椅子を使っていた。福祉用器具って便利にできていて使ってみるとすごくラクなんだよね。

松葉づえにしても一般的なつえ（T字つえ）と違って片側に体重をかけなくて済むか

らバランスを崩さない。ちゃんと使う人の安全や利便性が考え抜かれているんだなと感心したよ。長く使われている理由はこういうことかって。

腰の手術をきっかけに新たに発見したことはまだある。

術後の経過やリハビリの報告などは、ＹｏｕＴｕｂｅとかそのほかのメディアでもちょこちょこしているんだけど、それを見た友人や仕事関係の人からの反響が予想以上に大きかったんだ。しかも激励だけじゃなくて「実は自分も腰の手術をしたんです」とか「痛み止めの薬を僕も飲んでいます」という声が多かった。

俺たちプロレスラーは痛みがつきもので、体のあちこちが傷んでくるのは職業病みたいなものだけど、格闘技やスポーツと全然関わりのない一般の人にも痛みと格闘しながら日々頑張っている人がこんなに多いのかと改めて気づかされた。

俺もこの年になってようやく真の意味で〝痛みのわかる男〟になったということか。ただ、自分の健康に少しでも早い段階から気を使っていれば後半生でそこそこのコンディションをキープできるし、ひどい痛みだって未然に防げる。だから、俺は老婆心ながら何度でも声を大にして言う。

おまえら、くれぐれも健康だけは軽視するなよ！

⚜60代以降の人生を右肩上がりにするには

あなたは長生きをしたいか?

この質問に対して「ヨボヨボになってまで生きていたくない」と答える人が意外に多いようだ。

80歳を過ぎても若々しく頭もシャキッとしている人ばかりなら長生きもいいなと思うだろうが、実際は体のどこかにガタが来ていたり体は元気でも肝心の頭のほうが心もとない感じになってきていたり……。そうでなければ自分の主張を通そうとして人の話を全然聞けなかったり、開き直って自分の滑舌の悪さをウリにしたりといいお手本が周りになかなかいないんだよ。

それでも俺が同じ質問をされたら「やっぱり長生きはしたいね」と答える。

さすがに100歳まではわからないけど、車いすで動けるレベルなら人生をそれなりに楽しめるんじゃないかと思っている。

実際につえとか車いすを使ってみて感じたことだけど、行動範囲が狭まるのかといったら意外にそうでもない。

これは俺の話になるが、脊柱管狭窄症の手術後2日目に北陸地方で仕事があり、金沢駅からローカル線を乗り継いである小さい駅まで行った。でもその駅にはぱっと見たところエスカレーターもエレベーターも見つからなかった。

「蝶野さん、階段歩けますか?」

付き添いのスタッフも困っていたんだけど、駅員さんに聞いたら実はちゃんと専用のエレベーターがあったんだ。地方の小さい駅でも車いすながら以前と変わらない行動ができるんだということにすごく感動したよ。

自分でクルマの運転もできたから行動範囲がそこまで狭くなることもなかったけど、問題は車をおりてからだった。駐車場から自宅の玄関まで階段がたった3段しかないのに、松葉づえで上れずに階段から落ちてしまったんだよ。

こんなことを書いたら、かつての蝶野正洋を知っている人ほどがっかりするかもしれないね。俺だって相当ショックだったよ。

でも、人生はまだまだ続くし何も焦ることはないと思い直すことにしたんだ。

今までは1日5つできていたことがたとえ1つしかできなくなったとしても、人の手を借りずに自分でできるレベルであれば、まだそんなに悲観的になることはないなってね。

人によっては自分のできなさ加減にショックを受けて気力をなくすこともあるだろう。以前スポーツに打ち込んでいた人や旺盛に活動している人ほどその落差に落ち込むかもしれない。

俺も手術後の一時期は突然歩けなくなったから「マジか……」と何ともいえない気持ちになった。いつ回復するのか。一生動けないままなのか。深刻に考えすぎるあまり不安や焦りにさいなまれたときもあった。

それでも昨日はできなかった歯みがきが、歩行器に頼りながらでも洗面所でできるようになったり、トイレにも自力で行けるようになったり。ちょっとずつ元の生活を取り戻していくようになるとその変化がうれしいというか、しみじみと喜びが湧いてきたんだよね。

今の自分はこれまでの自分とは違う。

その現実さえ受け入れられたら、できないことが徐々にできていく過程はプラスでしかないよね。人生、完全に右肩上がりだ。そう考えると60代からは「できなくなっていくことを嘆く」ことから発想をぐるっと転換させて、「できることを楽しむ」人生にしていくほうが心も体も健康に保てるはずだよ。

ここから先の俺の目標は……そうだな、平均寿命以上に生きるということにでもしておこうか。何しろ隙あらばサボりたい性分だから（笑）、人並みよりちょっと上くらいを目指すのがちょうどいいんだよ。

⚜高齢者からすべてを奪うな

人生の後半戦はできないことを嘆くのではなく、できることを楽しめ。

こうした発想の転換は、個人の考え方にとどまらず社会システムの変革という観点からも今後ますます求められると俺は思っている。うまく発想を転換できれば、デジタル化がどんどん進んでこれまでの常識が通用しなくなった今を悲観することなく、新たなビジネスチャンスにもつなげられるはずなんだ。

最近は高齢者による自動車事故が問題になっていて、対策として多くの自治体が運転免許証の自主返納を推奨している。電車やバスなどの交通網が十分に発達している地域ならまだいいが、人口減少やドライバーの人材不足で移動の足が極端に減っている地方は多い。そこに住んでいる高齢者がマイカーを手放したら家族に頼るか、それができなければひきこもるしかなくなっちゃうよな。

高齢者の目線で考えたら「車を取り上げられ社会との接点も奪われた」と感じてしまうのも無理はない。そんなマイナス方向からプラスの方向へ発想を転換できないものか？

たとえばスマホで高齢者向けのらくらくホンがあるように、70歳以上限定の〝らくらくカー〟を開発したり。

この本を電子書籍で購入した俺と同世代の人は恐らく今、スマホやタブレットで文字を拡大しながら読んでくれていることだろう。クルマも同じでメーターの目盛りや文字、機器のボタンを大きくして、アクセルとブレーキも絶対に踏み間違えない配置にする。それで最高時速も30キロくらいに抑える。

そうなると道路にも〝らくらくカー専用レーン〟が必要になってくる。社会システムを変えるのは大変かもしれないが、あくまで前向きなプラス方向の変革であれば社会は健全になるんじゃないかな。

俺が今ちょっと考えただけでこんなアイデアが出てくるんだから、その道のプロが知恵を絞れば新しい高齢者向けビジネスはもっともっと生まれるはず。それを生み出すのが自分のことを一番よくわかっている高齢者自身だったら、人材不足も補えるしぼけ防止にもなるし言うことなしだろう。

ネット詐欺などの犯罪も含め高齢者から奪う方向の金もうけがはびこっているが、これからは高齢者が得をして、サービスの提供者はもうかるようなお互いにとって利益があるビジネスを進めるべき。奪われ世代予備軍の俺は切実にそう願っているよ。

⚜人気レスラーたちに共通するたった一つの習性

発想の転換は、還暦を超えて肩書を失ったあとの人生においても前向きに生きるヒントになるというのが俺なりの意見だ。

振り返ると俺もレスラー人生の要所、要所で人が考える逆のことを考えてきたし、あえてセオリーとは逆の目に進むことが多かった気がする。ライバルたちが新日本プロレス本隊のトップ、大相撲にたとえると東の横綱をめざす一方で俺はそこと真っ向から対立する西の横綱を目指した。同期たちが新日本プロレスを飛び出し自分のプロレス団体を経営し始める一方、俺だけが会社に残った。

世間や常識の逆目、逆目を行くのは先導者がいないだけに切り拓くのは大変だが、ライバルが少ないだけに目立ちやすい、自己プロデュース力を存分に発揮しやすいというメリットもある。

この手の発想力で群を抜いているのがやっぱり武藤敬司さんだ。

2022年に新日本プロレス創立50周年の記念興行として東京・日本武道館で『旗揚げ記念日』が開催され、俺もゲスト解説者として参加させてもらった。

このときの記念セレモニーに集まった歴代OBはまさにビッグネームのオンパレードだった。ざっとあげただけでも坂口征二さん、北沢幹之さん、藤波辰爾さん、藤原喜明さん、長州力さん、前田日明さん、小林邦昭さん、木村健悟さん、越中詩郎さん、レフェリーのタイガー服部さん、そして武藤敬司に獣神サンダー・ライガーまで。およそ20名のレジェンドが勢ぞろいするシーンは圧巻のひと言だったよ。

ここから武藤さんの話になるんだけど、このイベントの前だったか2人でトークショーをやったときに武藤さんがこんなことを言いだしたんだよ。

「50周年のイベントでせっかく大御所が集まるなら式典だけじゃ面白くない。俺だったら〝レジェンド運動会〟をやるね。30メートル走で1番を競わせたりさ」

俺はそれを聞いた瞬間、80歳の坂口さんを筆頭に諸先輩方が青息吐息で、武道館を走る姿を想像して大変失礼ながら思わずふいてしまったよ。式典の厳かなムードと真逆だけど、そのほうが断然面白いし同じシニア世代に元気も与えられるしね。ただし、30メートルは長い！　15メートル、いや10メートルぐらいがちょうどいいんじゃない(笑)。

この武藤さんの発想力の源泉は「見にきた人がどうしたら喜ぶか」というその一点だけ。まさにエンタメ脳というのか、それこそ誰得脳とでもいうのか。思考回路が勝手にそこに結びつくようにできちゃってるんだよ。

武藤さんプロデュースのヒット興行にベテランレスラーが一夜復活する『プロレスリング・マスターズ』がある。これも武藤さんが立ち上げたプロレス団体WRESTLE－1（レッスルワン）がどんどん若いほうへ、新しいほうへ向かっていたから「逆に古いほうへ全振りしてみた」んだそうだ。

『プロレスリング・マスターズは新たな世代のファンを集めるのがひとつの課題だけど、それでも昭和のプロレスファンはレジェンドたちの奮闘を見られて満足だろうし、何より先輩レスラーたちが久々のリングでみんな生き生きしているんだよ。これなんか発想を前向きに転換したいい例だと思うよ。

実際の新日本プロレス50周年の式典ではさすが武藤敬司というシーンも見られた。セレモニーの最後はロープを外したリング中央にレジェンドたちが集合しての記念撮影だった。でも前列に並んだ椅子は7人分だけだったので、みんなが譲り合うようにしてなかなか立ち位置が決まらなかったんだ。そうしたら武藤さん、堂々と前列の椅子に座っちゃったんだよ。前田さんや小林さんは後ろに立っているというのに。

まったく、こんなところまで俺たちの裏をかかなくたっていいのにさ。でも、こういうちょっとあざとい破天荒ぶりこそ武藤さんがいつまでも愛される理由かもしれないね。

この章では猪木さんを筆頭にシニア世代以降も培った自己プロデュース力で存在感を世に示し続けるレスラーたちを何人か紹介させてもらった。

「自分は一般人だから自己プロデュースなんてできない」と思う人も多いかもしれないけど、読み返してもらうと実はどのトップレスラー、レジェンドレスラーもそもそもの考え方は一緒で「いかに人を喜ばせるか、面白がらせるか、人のためになるか」というサービス精神なんだと思う。

猪木さんの身だしなみへのこだわりだって、藤波さんの恐竜の太ももだって、武藤さんのあの感動的な引退興行だって根っこはそこにある。俺の社会貢献活動もそうだ。

人生後半戦の生き方に悩んでいる人はぜひ一度、この視点に立って日々を過ごしてみてほしい。まず、周囲の人の自分を見る目が温かいものに変わってくるはずだから。

企業名や役職といった肩書をなくしたあとの人生では「大人としてどんな人物なのか」という見られ方をする。そのときに自分がどんな人間なのかを堂々と言えるように、新たな視点で自分を磨き直していってほしい。

俺がどういう人間なのかはもちろん考えなくても即答できるよ。

アイ・アム・チョーノだ！

TEAM2000

おわりに

最後までおつきあいいただき、ありがとう。

いよいよ俺も還暦となるにあたって本書のようなメッセージを残せてよかったと思っている。

よくも悪くも自分で自分を守っていく、つくっていく必要が強く求められる時代となった。それは年代問わずだと思っている。

50歳を過ぎると会社員も経営者も個人事業主でも、今後の人生をどう生きるかは大きなテーマだろう。孤独、空虚感、理由がはっきりしない不安などを感じる人も多いはずだ。

俺のプロレスラー、経営者、タレント、救命救急活動などの経験を通じて、ミドルエイジ・シニアエイジの人がどう過ごしていったらいいかを記した。

まずは健康。これがスタートだ。俺は首のけがや脊柱管狭窄症などで健康のありがたみを嫌というほど知っている。あなたも、とにかく健康第一を真剣に考えてほしい。

俺はガツガツと上をねらう性格ではなく、要領よく自分を光らせることで存在感を出してきた。自己プロデュースということだ。

「こうでなければならない」という気持ちが強いと息苦しい。俯瞰して自分を見て、どうしたら自分が光れるかのヒントとなったら幸いだ。

会社員であれば違う道を選んで自分をどう生かすでもいいし、残って乗り気になれない仕事ではあるが、その中で生きる道を探してもいいと思う。どちらも勇気ある行動だ。

大事なのはＤｏではなくＢｅ。つまり、あなたが何をしたかというより、どんな存在なのかということ。「アイ・アム・チョーノ」が俺の決めぜりふだが、まさに存在することに意味がある。

あまり思いつめずに自分が光る自己プロデュースを行動に移そうじゃないか。

人生１００年時代、まだまだ光るチャンスはころがっているさ。

蝶野正洋（ちょうの まさひろ）

1963年9月17日、父の赴任先である米国ワシントン州シアトルで生まれる。2歳のときに日本へ帰国。1984年に新日本プロレスに入門、同年10月5日にデビュー。1987年に2年半にわたる海外遠征に出発。遠征中に武藤敬司、橋本真也と闘魂三銃士を結成する。1991年、第1回G1クライマックスに優勝し、同年マルティーナ夫人と結婚。以後、G1クライマックスでは過去最多（2023年現在）の5回優勝。1992年8月には第75代NWAヘビー級王座を奪取。1996年にnWo JAPANを設立して大ブームを起こし、その後、TEAM2000を結成。2002年に新日本プロレス取締役に就任した。2010年に新日本プロレスを離れてフリーとなる。プロレスラーとして試合は行っていないものの、「黒のカリスマ」として全国的な知名度を持つ。2010年からAED救命救急、地域防災の啓発活動、東日本大震災の復興支援活動を行っている。2014年に一般社団法人ニューワールドアワーズスポーツ救命協会を設立。消防を中心に広報啓発の支援活動を行っており、公益財団法人日本消防協会「消防応援団」、公益財団法人日本AED財団「AED大使」を務め、総務省消防庁、東京消防庁、警視庁をはじめ各行政機関から感謝状を贈られている。

装丁・本文フォーマット／TYPEFACE（渡邉民人、谷関笑子）
構成／藤村幸代
編集担当／三宅川修慶（春陽堂書店）

「肩書がなくなった自分」をどう生きるか

2023年9月15日　初版第1刷発行

著　者／蝶野正洋

発行者／伊藤良則

発行所／株式会社春陽堂書店
〒104-0061　東京都中央区銀座3丁目10-9　KEC銀座ビル
電話 03-6264-0855（代表）

印刷所／ラン印刷社

ISBN 978-4-394-38006-1